KB063504

가려진 질서

ワンネスの扉　心に魂のスペースを開くと、宇宙がやってくる
(DOORWAY TO ONENESS)
by ジュリアン・シャムルワ

우리는 모두 연결되어 있다 — 거부할 수 없는 강렬한 이끌림

가려진 질서

우주 안의 나, 내 안의 우주

줄리앙 샤므르와 지음 ㅣ 이은혜 옮김

목차

우주의 '가려진 질서'를 알아나가길

줄리앙은 나의 오랜 친구이다. 그를 처음 만난 건 파리의 사립학교였다. 그는 프랑스어를 가르치는 강사였고 나는 학생이었다. 줄리앙은 다양한 문화적 배경을 가진 학생들과 유연한 마음으로 소통하는 섬세하면서도 열정적인 강사였다.

프랑스어 실력이 유창해진 후, 나는 학교를 떠났지만 줄리앙과의 만남은 계속 이어졌다. 내가 새 사업을 구상하면서 '시식회'를 열었을 때, 그는 내가 초대했던 친구 중의 한 명이었다. 그리고 까르푸에 스시 코너를 열기 위해 프레젠테이션을 할 때, 나의 프랑스어 발음을 교정해 준 것도 그였다. 몇 년 후, 나의 브랜드 켈리델리가 유럽 전역으로 확장되기 시작할 때 그는 켈리델리에서 나와 함께 일하며 가맹주를 선정하고 그들의 개점을 도왔다. 우리는 손 내밀면 닿을 곳에서 서로에게 도움을 주고 있으니, 줄리앙과 나의 인연은 정말 각별하다.

2021년 가을, 줄리앙을 파리의 한 카페에서 만났다. 그는 일본에서 출간한 《ワンネスの扉》을 내게 선물했다. 나도 한국에서 《웰씽킹》을 출간한 지 얼마 되지 않았던 때라 우리는 각자의 책에 대해 깊은 대화를 나누었다. 그의 책은 내게 무척 매력적이었기에 한국에서도 출간되기를 진심으로 바랐는데, 《가려진 질서》라는 제목으로 한국 독자를 만나게 되었다니 너무나 감격스럽다.

《가려진 질서》는 나의 책 《웰씽킹》과 유사한 점이 많다. 나는 사업의 실패를, 줄리앙은 '우주와 하나 된 체험'을 통해, 오랜 시간 고군분투하며 깨달은 바를 각자의 책에 담았다. 우리는 모든 것은 '마음가짐'으로부터 시작하며 우주는 서로 연결되어 있다는 메시지를 자신만의 방식으로 독자에게 전달하고 있다.

누구보다 열심히 일했지만, 나는 10억 빚을 지고 사업에 실패했었다. 2년 동안 극심한 우울증에 빠져 있다가 오로지 엄마를 위해 살겠다는 마음으로 다시 일어났다. 그리고 켈리델리 사업을 시작한 지 5년 만에 보통 사람의 상상을 초월하는 자산가가 되었다. 그 당시에는 전혀 몰랐지만 내가 이렇게 성공할 수 있었던 것은 다른 사람을 위해 여생을 살겠다는 마음, 오직 그것뿐이었다. 나를 통해 단 한 명이라도 행복할 수 있다면 나는 그게 무엇이든 능히 해냈다. 그리고 얼마 지나지 않아 내가 이루고 싶었던 모든 것을 이루게 되었다.

모든 사람은 본디 하나이며 우주의 에너지로 서로 연결되어 있다. 우주는 하나이기에 세상에 존재하는 모든 것이 서로에게 힘과 위로가 될 수 있다. 줄리앙은 우주와 하나 되는 체험을 통해 우리가 서로 연결되어 있음을 온 마음으로 직관적으로 느꼈다. 이 책에 쓰인 그의 체험이 생경하게 느껴질 테다. 하지만 열린 마음으로 읽어보길 권한다. 그리고 우주의 '가려진 질서'를 알아나가길 바란다. 줄리앙의 메시지를 마음으로 깨닫게 된다면, 당신은 더 많이 공헌하고 끊임없이 베풀게 될 것이다. 그리고 그것은 몇 배의 복리로 당신에게 돌아올 것임을 나는 확신한다. 갖고자 할 때는 도망가던 성공과 행복이 나에게 다가와 더 많은 것을 주었듯 말이다.

한국 독자에게 뻗어나갈 줄리앙의 선한 영향력을 오랜
친구로서 열렬히 응원한다.

켈리 최(Kelly Choi)

글로벌 기업 켈리델리 창립자 및 회장

《웰씽킹》,《파리에서 도시락 파는 여자》저자

거부할 수 없는 강렬한 이끌림

강렬한 이끌림 #1 _ 우주와의 만남

당신의 '생각'은 우주로 내뿜는 당신의 '에너지'를 결정한다.

우주와 하나가 되었던 나의 체험을 돌이켜 볼 때마다, 내게 떠오르는 키워드는 바로 '진동vibration'이다. 우주의 관점에서 보면 모든 것은 진동인 셈이다. 하나의 개체인 당신도 고유한 일련의 진동으로 구성되어 있다. 이 진동에는 당신의 여러 경험과 그 경험이 당신의 마음가짐을 형성하는 과정이 고스란히 담겨 있다. 나아가 이 마음가짐은 당신의 몸을 형성한다. 즉, 의식이 물질적 차원으로 발현된 것이 바로 신체이다.

이러한 인간 의식의 특성을, 나는 '우주와 하나 됨'을 수
년간 체험한 후에야 비로소 깨달았다. 그리고 이런 깨달음
까지 많은 경험과 그것들이 서로 연결될 시간이 필요했다.

수년 전 내가 만난 우주적 존재들이 나를 깨우치려던 핵
심이 바로 '진동'과 '그것의 작동원리'였다. 우리는 모두 연
결되어 있으며, 각자의 의식을 통해 서로 영향을 미친다는
것이었다. 또 물질적인 것은 모두 우리의 내면으로부터 발
현된 것이라는 가르침이었다. 그만큼 우리의 사고 및 의식
의 작동이 중요하다는 의미였다.

처음으로 우주와 하나 됨을 체험한 지 2년 뒤, 나는 '켈
리'라는 여성을 만났다. 그녀와의 만남은 매우 흥미로웠
고, 내게 심오한 영향을 주었다. 마치 서로가 특별하게 연
결되어 있는 듯한, 거부할 수 없는 끌림에 나는 점차 마음
을 열게 되었다. 이는 마치 특정한 사람이 나에게 이끌려
오거나, 반대로 내가 그에게로 이끌려 가는 것과 같았다.
비슷한 것끼리 서로 끌어당기는 것처럼.

우리는 끊임없이 자신의 파동과 일치하는 개체들을(물
질로 발현된 개체든 아니든 간에) 자신에게로 끌어들인다.
마치 안나(본문에서 언급된 저자의 친구)와 그녀의 수호령

처럼 말이다. 다시 말해서 이는 파장과 진동에 관련된다.

우리 각자가 지니는 주파수에는 뭔가 특별한 것이 있다. 이 주파수가 각자의 현실에 영향을 미치는 방식도 마찬가지다. 여기서 내가 말하는 주파수란, 우리의 마음과 의식의 고유한 방식을 뜻한다. 즉, 우리의 존재 상태를 의미한다.

우리 모두는 각자의 현실을 구축하는 건축가와 같다. 세상을 향한 우리의 비전이 모든 현실을 구현하기 때문이다. 그러므로 우리는 자신의 삶에 책임을 져야 한다. 이 말이 다소 가혹하게 들릴 수 있겠지만, 그만큼 우리가 해야 할 일이 있다는 것이다.

삶이라는 이 멋진 그물망 속에서, 우리의 현실은 타인의 현실과 얽히기 마련이다. 따라서 우리 주변에서 벌어지는 사건들과 자신의 내면을 찬찬히 관찰하는 시간을 갖는 것은 무척 중요하다. 이로부터 자신을 더 잘 이해할 수 있는 결정적 단서를 찾을 수 있고, 우리가 세상에 어떤 영향을 미치는지도 알게 된다.

강렬한 이끌림 #2 _ 새로운 언어와의 만남

소르본Sorbonne대학을 졸업한 후, 나는 사립학교의 프랑스어 선생님이 되었다. 파리에 거주 중인 한국인, 일본인, 중국인 학생들을 대상으로 프랑스어를 가르쳤는데, 한 달 과정의 프랑스어 수업을 담당하는 동안 20~35명 남짓의 학생들을 가르쳤다. 한 달 과정이 끝날 때마다 대부분의 수강생들은 더 높은 과정으로 진급했기에, 나와 동료 강사들은 매번 새로운 학생을 맞을 준비를 해야 했다.

이렇듯 한 강사가 매년 가르치는 학생 수는 굉장히 많았다. 수업하는 동안, 나는 학생들의 다양한 국적과 문화적 배경, 그리고 문법이나 발음 등 그들의 개별 요구사항에 점차 민첩해졌던 기억이 난다. 그래야 각각의 학생들에게 가장 적합한 맞춤 지도를 해 줄 수 있었으니까.

외국어를 가르친다는 것은 단순히 어휘와 문법만을 가르치는 것을 의미하지 않는다. 이는 학생들과의 상호작용과 경험을 통해 완전히 새로운 성격적 특성이 요구된다. 마치 '새로운 나'를 만드는 것과 같았다. 더 나아가 강사는 학생들 또한 새로운 정체성을 형성할 수 있도록 도와야 했다.

이러한 과정에는 왕성한 두뇌 활동이 필요하다. 외국어

학습에서 '사용하지 않으면 감각을 잃는다Use it or Lose it'라는 표현이 있듯 말이다. 참고로 우리의 두뇌 공간은 한정되어 있어, 뇌는 필요치 않은 정보는 저장하지 않는다. 최선의 성과를 내기 위해 뇌가 끊임없이 현재 상황에 적응하려 하기 때문이다.

따라서 새롭고 유용한 정보를 저장하려면 두뇌에 새로운 공간이 필요하다. 이를 위해 뇌는 뇌 내 네트워크를 보다 효율적으로 재구성하기에, 사용하지 않는 뇌 경로(즉, 쓸모없는 정보)들은 종종 삭제되는 것이다.

새로운 언어를 배우려면(다른 어떤 학습도 마찬가지겠지만), 습득한 언어를 즉시 사용해 봐야 한다. 그리고 언어 실력을 갈고닦을 기회들도 마련해야 한다. 그래야 비로소 뇌가 '이것은 저장해야 할 중요한 정보로군!' 하고 인식하게 되기 때문이다.

이러한 학습의 원리가 바로 내가 소르본에서 배운 신경 과학 실험을 바탕으로 한, 교육 과학의 근간 중 하나이다. 소르본을 졸업한 후, 나는 다양한 문화적 배경을 가진 학생들을 가르쳤으며, 학생에 따라 다양한 학습법으로 지도하려는 도전을 계속했다.

앞서 언급했던 파리 소재의 아시안 사립학교에서 프랑스어를 가르치기 시작했을 때, 나는 이미 마음속에 뚜렷한 성취 목표를 세웠다. 당시 중국은 급부상하고 있었고, 지정학적 관점에서 볼 때 중국 경제가 세계에서 핵심적 역할을 하게 될 것이 자명했다. 나는 이런 기회를 놓치지 않기로 결심했다.

당시 나는 일본어에 능숙했지만, 그 정도로는 성에 차지 않았다. 내게는 더 큰 비전이 필요했다. 새로운 외국어를 구사하게 될 때마다 세상을 바라보는 새로운 '창'이 생겼고, 해당 언어를 사용하는 사람들도 더 잘 이해할 수 있었다. 외국어 습득은 직업뿐 아니라 개인적·영적 측면에서도 내게 새로운 기회와 가능성을 열어 주었다.

게다가 외국어를 배우면 좀 더 유연한 마음을 가질 수 있었다. 나는 동시에 여러 일들을 감당할 수 있게 되었고, 다양한 관점에서 바라볼 수 있는 여유도 생겼다. 모호하게 들릴 수도 있겠지만, 내게는 너무나 명확했다. 그래서 나는 외국어를 배우는 것에 흥미와 열정을 가졌고, 나의 에너지를 그곳에 쏟기로 결심했다.

또한, 배우는 것과 가르치는 것은 마치 동전의 양면과 같다는 것을 알게 되었다. 어떻게 가르쳐야 하는지 안다는 것은 곧 내가 원하는 건 뭐든지 배울 수 있다는 뜻이다. 이 또한 뇌 과학을 바탕으로 한 개념이다. 다시 말해, 가장 좋은 학습 방법은 가르치는 것이다.

이 원칙은 내게 분명한 메시지였다. 내가 원한다면 무엇이든 가능하다!

나는 파리에서 프랑스어 선생님으로서 충분한 경험을 쌓기로 마음먹었다. 그래야 중국어를 배우고 연습할 수 있는 중화권에서 자리를 잡을 테니까. 운 좋게도 이 시기에 내가 만난 중국인 학생들은 수백 명에 달했다. 그중에는 '예사롭지 않은' 존재감이 느껴지는 이들도 있었다.

그중 몇 명은 대만 학생들이었다. 당시의 나는 중국과 대만 중 어디로 갈지 고민하고 있었는데, 이 '비범한' 대만 학생들 덕분에 한결 수월하게 선택할 수 있었다. 이들은 현재의 순간에 균형 잡힌 존재감을 드러내고 있었다. 또한, 자신의 목표에 대한 결단이 있었으며 특유의 즐거움을 발산하고 있었다. 예리하면서 동시에 기민하기도 했다. 그들만의 원대한 꿈을 현실로 이룰 능력도 갖추고 있었다. 나는 이 학생들에게 깊이 감명받고, 점점 더 이 학생들과 이들의 조국에 매료되어 갔다.

'대체 대만이라는 나라가 어떤 나라지? 한 번 알아봐야겠는걸?' 하고 생각했던 기억이 난다.

강렬한 이끌림 #3 _ 켈리(Kelly)와의 첫 만남

그러던 어느 날, 새로운 학생을 한 명 만났다. 앞서 말한, 내 삶에 지대한 영향을 끼친 바로 그 여성이었다. 이 학교에 첫발을 내디딘 그녀는 한국에서 왔는데, 프랑스에서 산 지는 꽤 되었다고 했다. 그녀는 정말 특출한 존재감을 뿜어내고 있어서 그녀에게 주목하지 않기란 불가능했다.

그녀의 이름은 '켈리Kelly'였다. 켈리는 일본어를 유창하게 구사했기에 우리는 일본어로 대화하기 시작했다. 그것이 당시 우리가 소통할 수 있는 가장 쉬운 방법이었다. 그녀는 일본에서 패션을 공부했고, 이후 파리에서 광고 홍보 대행 사업체를 운영했는데 실패했다고 했다. 그녀는 파리에서 모든 걸 새롭게 시작하려고 준비 중이었다. 나는 켈리에게서 강인함과 겸손함을 동시에 느꼈다. 정말 눈부실 정도였다.

내 앞에 있는 켈리는 분명, '예사롭지 않은' 인물이었다. 나는 그녀 존재 내면에 있는 역동성을 감지할 수 있었다. 그녀는 누구보다도 폭넓은 시선으로 사물을 바라보았고, 사람의 내면까지도 꿰뚫어 볼 수 있었다.

난 그녀의 그런 면이 무척 좋았고, 우리는 곧 친구가 되었다.

그녀와 처음 대화를 나눴을 때 나를 사로잡은 것 중 하나는 그녀가 상대의 감정을 읽고, 공감할 수 있다는 점이었다. 또한, 그녀는 상대가 그녀와 연결되어 있음을 느낄 수 있도록 스스로를 드러내는 것에도 능숙했다.

이런 능력을 습득한 사람은 정말로 흔하지 않다. 이런 이들을 우리는 '감성지능'이 뛰어나다고 한다. 물론 내가 감성지능이라는 용어를 처음 들은 건, 이 만남으로부터 수 년 후의 일이다. 감성지능이 높을 경우, 회사 내 다른 매니저들보다 더 유능한 매니저가 될 수 있다고 한다.

켈리는 바로 이 감성지능을 타고난 사람이었다(다행히, 누구라도 적절한 훈련만 거치면 감성지능을 발달시킬 수 있다). 하지만 당시의 켈리는 뛰어난 감성지능을 지녔음에도 불구하고, 자신감이 부족했다. 그녀에게는 확신이 필요했다. 그리고 무엇보다, 실패한 사업을 뒤로 하고 스스로를 재건할 시간이 절실해 보였다.

그럼에도 그 시기에, 켈리는 내게 깊은 인상을 준 일을 했다. 그리고 이 일은 오랫동안 내 마음에 남았다. 당시 켈리는 내 동료 강사인 아사나^Assana의 강의를 듣고 있었다. 아사나는 토고^Togo(서아프리카의 프랑스어권 국가)에서 온 뛰어난 강사였다. 그녀는 학생들의 언어 습득을 돕는 데 무척 열심이었으며, 이를 인정받기를 원했다. 아사나는 그야말로 강사들 사이에서도 빛나는 태양 같은 존재였다. 항상 즐거운 기분으로, 불평하는 일이 없었다. 그녀는 내 절친한 친구기도 했는데, 켈리도 그녀를 무척 좋아하게 되었다.

아사나는 프랑스에 온 지 상대적으로 얼마 되지 않은 상태였고, 몇 년간 강사로 일했음에도 재정적 어려움을 겪고 있었다. 생계유지를 위해 주말에도 아르바이트를 해야 할 정도였다. 좋아하는 선생님이 주말에 주차요원으로 일하는 걸 알게 된 켈리는 충격을 받았다. 결국, 켈리는 아사나가 더 윤택한 삶을 찾도록 돕겠다는 목표를 세웠다. 그리고 그녀는 그 목표를 이뤄냈다.

켈리는 아사나를 위해 미국에 강사 자리를 알아봐 주었다. 그리고 아사나가 미국에서 직장을 성공적으로 구할 수 있도록 적극적으로 도왔다. 내가 이 사실을 미처 알기도 전에, 아사나는 미국 루이지애나로 향하고 있었다. 한 초등학교의 프랑스어 몰입수업 전임교사로 선임 된 것이었다. 나는 놀라움을 감추지 못하고 켈리에게 물었다.

"대체 어떻게 된 일이에요?"

"아사나를 실망시키고 싶지 않았어요."라고 켈리는 답했다.

그렇게 켈리는 삽시간에 아사나의 삶의 궤도를 바꿔 놓았다. 지금 아사나는 집과 차를 소유하고 있으며, 직업적으로도 개인적으로도 매우 성공한 삶을 살고 있다. 모두 자신의 애제자인 켈리 덕분인 셈이다.

나는 이 모든 상황이 마법 같았다. 하지만 켈리는 이에 대해 매우 소탈하고 겸손한 반응을 보였다. 그녀는 정말이지 넉넉한 마음으로 스승인 아사나의 행복을 기뻐했다.

그저 그게 다였다.

강렬한 이끌림 #4 _ 제자로 만난 켈리

아사나가 미국으로 떠난 뒤, 나는 그녀가 가르치던 수업 몇 개를 맡았다. 그러자 이제는 켈리가 내 제자가 되었다. 그때 즈음, 우리는 이미 절친한 사이였기에 스승과 제자로 만난 것을 기뻐했다.

수업을 함께 받는 한국인 학생들에게 켈리는 이미 선망의 대상이었다. 모두가 그녀를 매우 겸손한 태도를 지닌, 뛰어난 재원으로 여겼다. 그녀는 강인함과 유연함을 조화롭게 지니고 있었다.

시간이 흐르자, 켈리의 프랑스어 실력은 점점 유창해져

갔다. 이제는 복잡한 대화도 척척 해냈다. 이렇게 그녀가 프랑스어에 자신감을 갖게 되었을 때쯤, 그녀의 존재감 또한 단단하게 성장하고 있음을 나는 느낄 수 있었다. 선생이 되면 맡은 제자의 성장 단계에 매우 민감해지는 법이다. 이제 켈리는 둥지를 떠날 준비가 돼 있었다. 선생의 입장에서 정말 보람된 순간이 아닐 수 없었다.

이윽고 켈리는 학교를 졸업했다. 그리고 그녀는 남편과 함께 파리 11구역에서 파리지앵의 삶을 새롭게 시작했다. 우리는 가까운 곳에 살고 있던 터라, 각자의 집에서 파티를 열 때면 자주 얼굴을 마주하곤 했다. 그러던 어느 날, 그녀가 나를 불렀다. 친구들과 '시식회'를 한다는 것이었다. 그녀는 새 사업을 구상 중이었는데, 프랑스의 슈퍼마켓에 오니기리(일본식 주먹밥)를 파는 사업이라고 했다.

초대받은 모든 친구는 각자 다른 맛의 오니기리를 맛봤다. 그러자 켈리는 온갖 질문을 던지기 시작했다. 말하자면 마켓 리서치를 한 셈이다. 그녀는 새로운 벤처 사업의 초입에 서 있었다. 그녀의 강렬한 열정과 결단이 느껴졌다. 그녀는 자신이 해낼 것임을 알고 있었다. 이런 긍정적인 마음가짐은 큰 변화를 만들어낼 만큼 눈부셨다.

오니기리 사업안은 시발점에 불과했다. 켈리는 프랑스

뿐 아니라 미국에 거주하는 한국인 사업가들을 만나기 시작했다. 자신의 비전을 실현시키기 위해, 존재하는 모든 가능성을 탐색했다.

켈리의 집에서 오니기리 시식회를 한 지 얼마 되지 않은 2008년 여름, 나는 드디어 파리를 떠나 대만의 수도 타이베이로 향했다. 때마침, 또 다른 한국인 제자가 서울을 경유할 것을 권했고, 나는 그 말을 따랐다.

내 생애 첫 서울 여행이었다. 여행 전, 나는 한글과 약간의 한국말을 익혔다. 비록 타이베이로 떠나기 전 고작 사흘 머무는 게 다였지만, 그래야 한국을 더 잘 즐길 수 있을 것 같았다. 짧은 시간 동안 무리한 일정을 짜는 대신, 내가 알던 한국인 제자와 친구들을 만나기로 했다. 그리고 그들과 정말 즐겁게 지냈다.

서울을 경유하고 대만에 도착한 뒤 나는 담강대학교 Tamkang University에서 프랑스어를 가르쳤으며, 저녁 시간에는 중국어 수업을 등록했다. 하루 두 시간씩 일주일에 5일간 수업을 들으며, 나는 중국어의 어휘와 문법을 익혔다. 그리고 배우는 즉시 실생활에서 중국어를 사용해 봤다. 대만에 머물 시간이 길지 않았기에 나는 그 기간을 최대한 활용하려고 했다. 이렇게 적극적으로 일 년을 보냈더니 나의 중국어 실력은 회화뿐 아니라 글을 쓰고 읽을 수 있을 만큼, 꽤 괜찮은 수준이 됐다.

나는 중국어 실력을 탄탄하게 다진 후 파리로 돌아왔다. 그리고 전에 일했던 아시안 사립학교로부터 함께 일하고 싶다는 제안을 받았다. 이번에는 프랑스어 강사가 아닌 e러닝e-learning 컴퓨터 학습 프로그램을 개발하는 프로젝트 매니저로 말이다. 이 학습 프로그램은 중국의 컴퓨터 엔지니어들을 대상으로 하는 것이었다. 나는 프랑스인과 중국인 개발자들 사이의 가교 역할을 했다.

문화적 차이로 인해 그들 사이에서 일하는 과정은 순탄하지만은 않았다. 하지만 이 경험을 통해 나는 많은 것을 배웠다. 무엇보다 직업적으로 중국어를 사용해야 했기에, 중국어 실력을 발휘할 수 있었다. 당시 프랑스인에게는 흔치 않은 기회였다.

강렬한 이끌림 #5 _ 켈리와의 재회

파리에 돌아온 나는 켈리와 재회했다. 마지막에 만났을 때 보다, 그녀는 훨씬 더 선명한 비전을 좇고 있었다. 바로 주요 슈퍼마켓 체인인 까르푸^{Carrefour}에 스시 코너를 마련하겠다는 목표였다. 하루는 그녀가 내게 전화를 걸어 부탁을 해왔다.

"줄리앙, 좀 와 줄 수 있어요? 까르푸에서 프레젠테이션 하기로 했는데, 제 발음 교정을 부탁하고 싶어서요."

켈리와 나는 걸어서 오 분 거리에 살았다. 그녀의 집에서 우리는 프레젠테이션 리허설을 했다. 그녀는 긴장하고 있긴 했지만, 자기 뜻을 관철해 까르푸 임원에게 확신을 심어주리라고 다짐하고 있었다.

프레젠테이션 날은 켈리에게 있어 큰 전환점이 된 날이었다. 까르푸와의 미팅이 끝났을 때쯤, 나는 전화를 걸어 경과를 물었다. 그녀의 답은 이랬다.

"한 번 시도해 보자네요! 정말로 흥분돼요!"

정말이지, 놀라웠다. 켈리는 또다시 기적을 이뤄낸 것이다!

우리는 각자 새로운 프로젝트에 매달리느라 눈코 뜰 새 없이 바빴다. 그러고 몇 년이 지났을 때쯤, 나는 정들었던 아시안 학교를 떠날 때가 되었음을 감지했다. 물론, 중국인 개발자들과 함께 e러닝 프로젝트를 개발하는 건 무척이나 보람 있었다. 하지만 뭔가 새로운 것에 도전하고 싶다는 마음이 꿈틀대기 시작했다.

학교에 사직서를 낸 뒤, 한동안 보지 못한 친구들을 만나며 시간을 보냈다. 당연히 나는 켈리를 떠올렸고 그녀에게 전화를 걸었다.

"줄리앙! 어떻게 지내요? 이렇게 전화를 해주니 너무 좋네요!"

"나도 반가워요. 이렇게 목소리를 들으니 좋군요. 어떻게 지내는지 궁금했어요. 커피라도 한잔할까요?"

"물론이죠! 내 회사에 놀러 오세요."

"켈리의 회사라고요?" 나는 놀라서 되물었다.

"이런, 그동안 못 나눈 얘기가 정말 많군요!"

"네, 무척 바쁘지만, 일은 아주 잘 되고 있어요." 켈리의 들뜬 목소리가 그대로 전해졌다.

나는 그 날 바로, 켈리를 만나러 갔다. 그녀의 회사는 신생회사들과 젊은 기업가들이 모여 함께 성장할 수 있도록 만든 스타트업 인큐베이터와 같은 곳이었다. 다른 회사들과 공동으로 쓰는 커피 자판기 앞에서 우리는 만났다.

"그러니까, 이제 회사를 운영 중이라는 거죠?" 내가 물었다.

"네. 삼 년 전에 스시 코너를 시작했는데, 이제 프랑스에 오십 개의 코너를 운영 중이에요. 벨기에 세 곳, 스페인에도 세 곳을 운영 중이고요."

"와, 어떻게 그렇게나 성장했지요? 정말로 바쁘겠군요."

"사실 무척 바빠요. 하지만 일이 잘되니 기쁘고 감사할 뿐이지요."

이렇게 수다를 떨고 있는데, 그녀의 남편인 제롬Jerôme이 그의 사무실에서 나왔다. 그런데 그는 내게 인사하더니 켈리에게 대뜸 이렇게 물었다.

"그래, 저분은 어때요?"

"내가 어떠냐고요?" 나는 어리둥절해서 둘을 쳐다보며 물었다.

"새로운 가맹점 모집을 도와줄 사람을 찾고 있거든요. 일본어와 중국어를 하는 사람이 필요해요. 그런데 아직 아시안 학교에서 일하고 있지요?" 켈리는 미소지으며 말했다.

"아니, 마침 계약이 만료돼서요." 내가 답했다.

"그럼 면접을 보러 오시겠어요?"라고 켈리는 한 치의 망설임도 없이 말했다.

"우리 팀이 맞아줄 거예요."

나는 "그러지요." 하고 답했다.

이렇게나 간단한 일이었다. 그리고 나는 면접을 본 며칠 뒤, 일을 시작했다.

그 후 2주 동안 켈리는 나를 직접 교육했다. 우리는 함께 그녀의 브랜드를 대변할 적임자를 찾는데 몰두했다. 켈리의 스시 코너는 유럽 전역의 까르푸와 같은 슈퍼마켓 체인에 속속들이 입점하고 있었다.

하루하루가 흥미진진한 모험 같았다!

나는 켈리의 넘치는 에너지와 결단력, 그리고 집중력을 옆에서 직접 목격했다. 실로 대단했다. 그녀의 회사인 '켈리 델리Kelly Deli'는 당시 여전히 초창기였지만, 큰 확장을 목전에 두고 있었다.

켈리 델리에서 일하는 동안, 나는 40명 이상의 가맹주들을 발굴하고, 이들이 '스시 데일리Sushi Daily'라는 간판 아래 점포를 여는 것을 도왔다. 이 가맹주 중 대부분은 생애 첫 사업장을 여는 것이어서, 그 과정이 절대 녹록지 않았다. 하지만 내게는 그들의 연이은 개점을 돕는 게, 뭔가 초월적인 경험 같았다. 단시간에 각자 독립적인 사업가로 부상하는 모습을 보는 것은 정말 값진 일이었다.

켈리와 나란히 함께 일하며 나는 많은 것을 배웠다. 앞서 언급했듯, 그녀는 상대를 꿰뚫어 보는 능력을 지녔다.

그녀는 나 역시도 그런 능력을 지닐 수 있도록 훈련했다. 이는 특히나 잠재적인 가맹주를 가려낼 때 필요한 능력이었다. 한 달간의 훈련 뒤, 켈리는 내가 스시 데일리 가맹주로 적합한 인물을 혼자서 결정할 수 있는 능력을 갖췄다고 판단했다.

켈리 덕분에, 나는 짧은 시간 내에 어떤 가맹주 후보자가 성공할지 아닐지를 알아차릴 수 있었다. 그것도 그들이 우리 사무실의 문을 여는 모습이나, 걸음새 등을 보고 말이다. 나는 내 앞에 있는 사람의 영적 기운을 감지했고, 그 사람이 적합한 인재인지 아닌지를 가려낼 수 있었다.

이 시기에 나의 중국어 실력도 비약적으로 늘었다. 사업 이념과 비즈니스 계획 및 가맹점 비용 등 모든 내용을 온종일 중국어로만 말해야 했기 때문이다. 정말 놀라운 경험이었다!

이런 게 바로 내가 찾던 경험이었다. 내 능력을 확장하면서 일하는 방식도 전환하고, 사물을 보는 비전도 키울 수 있는 일 말이다. 스스로 준비가 되어있다면 자신에게 맞는 일들이 저절로 찾아오기 마련이다. 나와 켈리의 만남은 이렇게 설명할 수 있다. 처음에는 내가 그녀의 스승이었고, 후에는 그녀가 나의 스승이 되었다.

켈리와 일하는 동안 내가 배운 교훈 중 하나는 '나의 한계를 극복하는 책임은 나에게 있다'는 것이다. 스스로 노력하면 자신의 방식과 관점을 바꿀 수 있다. 그렇게 함으로써 자신을 위한 새로운 삶을 창조할 수 있다.

물론, 이는 말처럼 쉬운 일은 아니라는 걸 나도 잘 알고 있다. 하지만 끊임없이 시도한다면 정말 많은 것을 성취할 수 있다. 가장 중요한 것은 일의 결과가 아니라, '스스로에 대해 어떻게 느끼는가?'이다. 이것이 큰 차이점을 만든다. 때로는 실패도 할 것이다. 그러나 적어도 시도는 했고, 그것에 대해 기뻐할 수 있다. 그러고 나서 툭툭 털고 다시 시도하면 그만이다. 그리고 경과를 지켜보는 거다. 이 과정을 즐거움과 인내로 헤쳐갈 수 있다면, 뭐든지 해낼 수 있다.

켈리가 내게 보여준 것이 바로 이것이다. 그녀 옆에서 일하다 보니, 나도 뭐든지 할 수 있다는 것을 깨달았다. 나아가 나도 나만의 회사를 창업하고 관리할 수 있을 것 같았다. 프랑스 전역에 40여 개의 스시 점포 창업을 도운 뒤, 나는 이제 내 회사를 시작할 때임을 직감했다. 그래서 켈리 델리를 떠나, 이를 실행에 옮겼다.

나 자신을 진심으로 믿었던 내 생애 첫 순간이었다. 나는 정말로 내가 해낼 수 있다는 것을 알았다. 이런 마음가짐은 켈리와 일하며 그녀로부터 배운 거였다. '정말로 우리는 할 수 있어요!'라는 마음가짐 말이다. '뜻이 있는 곳에 길이 있다'와 같이.

'우주와 하나 됨'을 체험한 후, 세상에 내 존재를 온전히 드러낼 수 있도록 나 자신을 새롭게 정립하기 위한 일종의 지침이 필요했다. 켈리와 함께 일한 시간은 내게 그런 지침을 가르쳐 줬다.

상대가 더 나은 방향으로 나아갈 수 있도록 돕는 능력을 지닌 이들이 있다. 나는 켈리야말로 그런 능력의 소유자라고 생각한다. 그녀의 말처럼, 모든 것은 '마음가짐'으로부터 시작한다. 이 가르침은 '우주와 하나 됨'이 내게 준 교훈을 다시 한번 온전히 느끼게 했다. 물질적인 신체를 지닌 우리가 진정한 자신을 표현하려면, 물질세계에서 자신을 표현하기 위한 도구로 마음을 사용할 줄 알아야 한다.

몇 년이 지난 후, 나는 켈리와 파리의 한 카페에서 만났다. 그녀는 내게 한국에서 출간했다는 그녀의 책 《웰씽킹》 이야기를 들려주었다. 우연찮게도, 나도 일본에서 책을 출간한 시점이었다. 서로의 책 이야기를 나누면 나눌수록, 우리의 책들은 공통점이 정말 많았다.

우리 두 사람은 모두, 자신만의 방식으로 '마음의 가능성'에 대한 글을 썼다. 각자의 책에서 우리는, 목표가 무엇이든 간에, 그것을 이루기 위해 마음가짐이 얼마나 중요한지에 대해 피력했다.

나는 굳게 믿고 있다. 모든 사람은 가장 이상적인 현실을 창조할 수 있는 열쇠를 스스로 가지고 있다고.

과정을 즐거움으로 채워 갈 수 있다면, 그 여정이 목표 자체보다 훨씬 중요하다는 것을 우리는 곧 깨닫게 될 것이다.

《가려진 질서》 한국 출간을 앞두고

줄리앙 샤므르와

에고ᵉᵍᵒ를 깨고, 우주의 마음으로
오롯이 '지금'에 몰입하기를

이 책은 프랑스인 저자 줄리앙이 일본어로 써서 출간한 《ワンネスの扉》을 한국어로 번역한 것이다. 여러 외국어가 혼재되어 완성된 이 책의 출간과정을 돌아보면 매 순간이 기적 같다. 나는 뜻밖의 순간에 어떤 강렬한 끌림에 의해 이 책을 기획하게 되었고, 필요한 것들은 가장 적절한 찰나에 내게로 왔다. 저자가 알려주려고 했던 '우주의 풍요로움'을 이 책의 기획과 제작, 전 과정에서 경험한 셈이다.

《웰씽킹》의 저자 켈리 최의 인스타그램 라이브 방송을 통해서 이 책을 알게 되었다. 이미 웰씽킹에 매료되어있던 나는, 켈리 최 저자님이 소개한 《ワンネスの扉》에 묘하게 끌렸다. 이 알 수 없는 이끌림은 이 책을 내가 한국에 소개

하고 싶다는 마음으로 요동쳤다. 기획에 앞서 나는 홀린 듯 책의 전문을 읽기 시작했다. 그런데 책을 다 읽은 후, 한참을 멍하니 있었다. 혼란스러웠다. 이 혼란스러움은 머지않아 강한 저항감으로 내 머릿속을 헤집어 놓았다. 책에 언급된 저자 줄리앙의 초현실적 체험은 내가 받아들이기에는 버거웠다. 아마 이 책을 읽을 독자들도 나와 비슷한 감정적 갈등을 겪을지도 모르겠다.

이 책은 눈에 보이지 않는 세계에 대한 이야기를 담고 있다. 볼 수 있는 사람도 있겠지만, 적어도 내 눈에는 보이지 않는 세상 이야기다. 이 책이 준 '저항감'의 근원을 찾기 위해 나는 나의 사고 과정을 면밀하게 관찰해야 했다. 깊게 더 깊게 들여다볼수록 나의 저항감은 비단 '눈에 보이지 않는 초현실적 체험'에 기인한 것이 아니라는 생각이 들었다. 나는 눈에 보이는 현상에서도 나와 다른 것, 내가 경험해보지 않은 것에 대해 본능적으로 저항했다. 나의 에고는 '다름'을 인정하기보다는 그것을 '틀린 것'으로 치부하고 거부했으며, 자신의 정당성을 주장하기에 늘 바빴다. 내 마음 깊숙이 들어갈수록, 저자의 초현실적 체험에 대한 나의 인식은 에고의 강렬한 저항과 맞부딪히며 맹렬히 싸웠다. 그러기를 반복하고 또 반복하자, 견고했던 '에고'라는 높은 성에 작은 균열이 생겼다. 자아라는 나만의 상자 속에 시시

비비를 따져가며 한 올 한 올, 옳은 것만을 골라 넣느라 에너지의 대부분을 쏟아부었던 철통같은 내 세상에 드디어 금이 간 것이다. 그리고 산산이 조각나기 시작했다.

이제 나는 내 세상과 바깥세상의 경계, 그리고 눈에 보이는 세상과 보이지 않는 세상의 경계를 허물었다. 아니 정확하게 표현하자면, 하루에도 수백만 번 재건되는 그 에고의 벽을 부수고 또 부수기를 반복하고 있다. 그러면서 나는 내가 우주이고 우주가 나임을, 우리는 모두 연결되어 있음을 마음으로 받아들여 가고 있다. 거부할 수 없는 강렬한 이끌림으로 내가 이 책을 기획하게 된 데에는 분명 이유가 있을 것이다. 내가 그랬듯, 독자들도 에고를 깨고 우주의 마음으로 자신의 에너지를 오롯이 '지금'에 쏟을 수 있기를 바란다.

《가려진 질서》 기획자, 신호정

우주적 세계로 한 발 내딛기를

1980년에 태어나 프랑스 부르고뉴 지방의 한 시골에서 자란 줄리앙은 언젠가부터 영적 탐구자가 수년에 걸쳐 명상과 수행을 거듭해야만 겨우 엿볼 수 있다는 궁극의 경지, 우주와 하나 됨을 자주 경험하기 시작했다. 다른 사람과 함께 있다가도, 슈퍼마켓에서 장을 보다가도 갑자기 영적 세계에 빠져 벅차오르는 감동을 주체하지 못해 펑펑 울어버렸다.

왜 그런 일이 자주 일어나는지 이유는 알지 못했다. 무엇 때문에 일어나는지도 몰랐다. 줄리앙은 혹시 정신이 어떻게 된 것은 아닌지 고민도 했다. 하지만 사실 그가 이런 체험을 하게 된 것은 고등학교 2학년 어느 여름날 시작된 외계인과의 만남 때문이었다.

친구와 UFO를 목격한 후부터 줄리앙은 누군가가 자신을 지켜보는 듯한 느낌을 받기 시작했고, 그런 느낌을 받은 날 밤에는 꼭 외계인 꿈을 꾸었다. 얼마 지나지 않아 그들은 매일 밤 줄리앙의 방에 나타나 조금씩 자신의 존재를 알렸다. 보이지는 않지만 분명히 느껴지는 그들의 존재. 줄리앙은 매일 공포에 떨다 기절하듯 잠이 들었다.

그들은 왜 찾아왔을까?

이 일을 계기로 줄리앙이 어떤 일을 겪었는지 이 책을 통해 꼭 확인하길 바란다.

내가 줄리앙을 만난 건 2004년 9월이었다. 지인에게 비즈니스 관련 여행으로 이틀 정도 파리에 머물 거라는 소식을 전하자 그녀가 한 가지 부탁을 해왔다. "프랑스에 사는 언니 집에 신기한 경험을 한 남학생이 가끔 놀러 오는데, 영적인 경험에 관해 이야기 나눌 상대가 없는 모양이야. 파리에 가면 네가 이야기 좀 들어주지 않을래?"

나는 줄리앙이 어떤 경험을 했는지 미리 듣지 못한 상태로 그를 만났다. 줄리앙은 내게 앞으로 다닐 소르본대학의 도서관을 안내해주었고, 우리는 당시 파리에서 거의 찾아

보기 힘들었던 비건 식당을 찾아다니며 밤늦도록 파리의 거리를 걸었다. 하지만 당시 줄리앙은 특별히 '영적 현상'과 관련된 화제를 꺼내지 않았고 나도 굳이 묻지 않았다. 그러다 내가 귀국하고 메일로 연락을 주고받기 시작했을 무렵부터 줄리앙은 자신의 경험을 조금씩 털어놓기 시작했다. 이 책의 원고를 읽고 나서야 어째서 그날 내게 아무 이야기도 하지 않았는지 이해할 수 있었다. 자기 이야기를 털어놓아도 될 만한 사람인지 확신이 없었던 것이다.

줄리앙과 인연을 맺은 지도 벌써 15년이 되었다. 그동안 줄리앙과 함께 두 번의 '대담회'를 열었다. 첫 번째 대담회는 2009년 1월이었다. 친구와 일본에 놀러 온다는 말을 듣고 소수의 인원만 참여하는 대담회를 기획했다. 스무 명이라도 모이면 다행이라는 생각으로 모집을 했지만 불과 몇 시간 만에 80여 건의 신청이 쏟아졌다. '수수께끼의 프랑스인, 일본에 오다'라는 홍보 문구가 성공적이었는지 정원보다 취소된 자리를 기다리는 사람이 많을 정도로 인기를 끌어 급히 두 번째 대담회를 열기로 했다. 알려지지도 않은 일반인에다가 그저 내가 파리에서 알게 된 사람일 뿐인데 그의 이야기를 들으려 이렇게 많은 사람이 모이다니, 나는 늘 이 일을 신기하게 생각했었다.

그리고 2016년 봄. 그 이유에 대한 단서를 들었다. 여행차 방문했던 남프랑스에서 만난 줄리앙과 아침을 먹으며 대화를 나누다가 그의 입을 통해 깜짝 놀랄 만한 이야기를 들었다. 일본 여행을 결정한 후에 우주적 존재는 줄리앙에게 몇 번이나 '나오코에게 도쿄에 간다고 메일을 보내라'라는 메시지를 보냈다고 한다. 시험 기간이라 일본어로 메일을 쓸 여유가 없었던 줄리앙은 '지금은 힘들다'라며 넘겼지만, 몇 번이고 끈질기게 '나오코에게 메일을 보내!'라고 했다고 한다. 줄리앙의 말대로라면 내가 혼자 기획했다고 생각했던 그 대담회는 사실 우주의 큰 계획이었고, 나는 단순히 그 계획대로 움직였을 뿐이라는 말이 된다. 그리고 2017년 가을에 대담회를 열었고, 이를 계기로 일본어로 이 책을 출간하게 되었다.

이 책의 탄생으로 다음에는 또 어떤 일이 일어날까?
나 역시 기대하고 있다.

이 책은 줄리앙이 프랑스어로 쓴 원고를 일본어로 번역한 것이 아니라, 그가 독학으로 공부한 일본어로 직접 쓴 것이다. 어떤 언어로 쓰든지 표현하기 쉽지 않은 그의 경험을 글로 뽑아내기 위해 나와 줄리앙은 몇 달 동안 머리를 싸매고 고심했다. 영적 체험을 한 적이 없는 좌뇌형 인간인 내가 줄리앙에게 받은 원고를 읽고 이해가 가지 않는 부분을 질문하면, 그가 제2외국어인 일본어로 대답하고, 그 설명을 내가 다시 문장으로 옮기는 식이었다. 하지만 질문 자체가 "여기 쓰여 있는 사랑은 어떤 사랑이야?", "우주와 하나가 되는 느낌은 어떤 느낌이지?", "여기 나오는 영적 체험을 좀 더 자세하게 설명해줘"라는 식이라 아무리 머리를 쥐어짜도 2% 부족한 느낌을 지울 수가 없었다. 줄리앙의 말에 따르면 영적 체험은 영혼으로 하는 경험이라 뇌를 쓰는 순간 끝나버린다고 한다. 그러니 문장으로 표현하기에 한계가 있다는 점을 이해해주길 바란다.

참고로 내가 개입한 부분은 전체의 20% 정도다. 대부분은 줄리앙이 직접 쓴 문장이다. 작년 봄부터 파리에서 조금씩 도착한 원고는 첫 문장부터 역동적이었고, 내 예상을 훨씬 뛰어넘었다. 나도 모르게 원고 도착을 손꼽아 기다리게 됐다. 지금까지 줄리앙이 겪은 영혼의 여행을 제일 먼저 일본에서 소개하게 된 인연도 그저 신기할 따름이다.

이제 줄리앙이 체험한 영적 세계로 들어가 보자.

이 책을 통해 당신이 다차원 우주의 세계로 한 발 내딛기를 바란다.

《ワンネスの扉》기획자, 미쓰다 나오코

1장
우주 안의 나

어젯밤에 본 건 UFO가 맞을까?

그때 나는 열여덟 살, 고등학교 2학년이었다. 1997년 7월 27일, 그날 내가 살던 부르고뉴 지방의 지역신문 '르 비엥 퓌블릭Le Bien Public'에 실렸던 기사 제목이 지금도 또렷이 기억난다. 〈달과 목성이 만나는 밤!〉 아는 사람에게 빌린 천체망원경을 써볼 기회라는 생각에 나는 가슴이 뛰었다. 근처에 사는 쟝의 집에는 천체 관측에 안성맞춤인 테라스도 있었다. 테라스에서 천체망원경을 조립하고 렌즈의 초점을 맞춘 우리는 먼저 달 표면에 있는 크레이터(웅덩이) 관측을 시도했다. 천체망원경은 둘 다 처음이라 우리는 망원경에 온통 정신이 팔린 상태였다.

달과 목성이 가장 가까워지는 시간은 밤 9시 반. 쟝의 부모님 몰래 담배를 피우며 우리는 한낮의 열기가 채 가시지 않은 밤을 즐겼다. 드디어 9시 반, 목성이 달의 바로 아래쪽으로 이동했다. 구름 한 점 없는 밤하늘에 떠 있는 초승달. 그 아래에 에메랄드색으로 빛나는 목성이 보였다. 밤의 어둠이 드리워진 하늘에서 마치 보석처럼 반짝였다.

아름다웠다. 초점을 맞추자 목성의 고리가 더 또렷하게 보였다. "우와! 굉장해." 어렴풋하게나마 태양계의 거대함을 느꼈고, 우리가 태양계와 우주 안에서 살아가는 존재임을 실감했다. 아득히 먼 곳에 있는 달과 목성의 만남이 나의 존재를 확인하게 했다. 잠시 뒤에 나란히 있던 달과 목성이 다시 천천히 멀어졌고, 마치 처음부터 만난 적이 없었다는 듯 평소의 밤하늘로 돌아왔다.

하지만 이 일은 그날 밤 벌어진 쇼의 시작에 불과했다. 한동안 이쪽저쪽의 별을 보고 있던 우리 눈앞에 어느 순간 하얗게 빛나는 큰 별이 나타났다. 먼저 발견한 사람은 나였다. "저게 뭐지?" 나는 천체망원경을 들여다보고 있는 쟝에게 말했다. 별은 왼쪽에서 오른쪽으로 이동한 후에 사라졌다. 그리 먼 거리가 아니었다. 바로 코앞에서 지나간 듯했다. 그래서 별이 아니라고 확신했다. 그 순간 무언가 마음에 울렸다. 말로 전해진 메시지라기보다는 '잘 봐…'

라는 의미를 담고 있는 가벼운 느낌이었다. 가슴이 철렁했다. 우리는 아무 말 없이 하늘을 주시하며 그것이 다시 나타나기를 기다렸다. 분명 다시 나타날 것 같았다.

"저기!" 이번에는 조금 떨어진 상공에서 불쑥 나타나더니 보란 듯이 깜깜한 하늘에 Z를 그리고 쓱 사라졌다. 분명히 별이 아니었다. 처음에는 덜컥 겁도 났지만, 그 빛은 멀리 떨어진 하늘을 날고 있었기 때문에 일단 마음을 놓을 수 있었다. 'UFO가 틀림없다!' 그렇게 생각하니 가슴이 두근거리기 시작했다.

자, 다음에는 뭘 보여 줄 거지? 그러자 이번에는 빛이 지그재그로 움직였다. 빛으로 선을 그리며 갑자기 나타났다가 순식간에 사라졌다. '자기가 UFO라는 걸 알리고 싶은 모양인데?' 그런 생각이 들자 마음에 여유가 생겼다. 하지만 먼 하늘에서 나타난 빛은 선을 그리며 그대로 디종 방향으로 사라졌다.

당시 부르고뉴 지방의 주도인 디종에서는 UFO가 자주 목격됐다. 여름이면 매년 신문에 UFO 특집이 실렸다. 덕분에 우리는 UFO를 목격했을 때 어떤 사항을 기록해두어야 하는지 잘 알고 있었고, 나는 바로 쟝과 함께 필요 항목을 적기 시작했다.

'장소, 샹보르 뮈지니 마을.'

'1997년 7월 27일, 밤 12시 반.'

'목격자, 줄리앙과 쟝.'

UFO의 위치와 크기, 관측지점과의 대략적 거리, 이동 방향도 꼼꼼히 적었다. 어느덧 새벽 두 시간 반이 훌쩍 지나 있었다. 하지만 찰나의 순간에 벌어진 일이었고, 경찰에 신고할 용기는 없었다. 우리 집은 쟝의 집에서 걸어서 5분 거리였으나 그날 밤은 왠지 혼자 돌아가기가 무서웠다. 나는 쟝에게 "자고 가도 돼?"라고 물어보기도 했지만, 결국 하늘을 올려다보며 혼자서 집까지 걸어왔다.

다음날, 쟝에게 전날 밤 일에 관해 말을 꺼냈다. 하지만 쟝은 "잘 생각해보면 어젯밤에 본 건 UFO가 아닌 것 같아. 그냥 유성이 아니었을까?"라고 말했다. 그 후로 나는 두 번 다시 쟝에게 그날 밤 이야기를 꺼내지 않았다.

사실 나는 기다리고 있었다. 우연이 아니다. 그간의 과정을 거쳐 드디어 때가 온 것뿐이라고 생각했다. 나는 오래전부터 마음속으로 조금씩 UFO 목격이나 외계인과의 만남을 남몰래 준비해 왔었고, 그래서인지 UFO를 보았을 때 '드디어 올 것이 왔다'는 생각에 내심 기뻤다.

보이지 않는 세계에 발을 들여놓다

1980년에 태어난 나는 지극히 평범한 아이였다. 자연과 동물을 좋아하고 별과 우주에 마음을 빼앗긴, 어디서나 볼 수 있는 평범한 소년이었다. 80년대 초에 프랑스에서 태어난 아이라면 누구나 당시 텔레비전에서 인기리에 방영되던 애니메이션에 푹 빠져 있었다. '은하철도 999', '우주소년 아톰', '드래곤볼' 같은 애니메이션은 우리에게 인간과 다른 존재와의 교류, 인간의 무한한 가능성, 지구가 아닌 우주에도 생명이 존재할 수 있다는 것을 알려주었다. 우리는 쉬는 시간마다 교실에서 그런 이야기를 하며 함께 열광했다. 나에게 외계인은 당연한 존재였고, 언젠가 외계인이 지구를 찾아올 거라 믿어 의심치 않았다.

책이나 텔레비전에서 UFO 이야기를 보면 갑자기 눈이 반짝였고 정신이 새로 깨어나는 것 같은 신선한 감각에 사로잡혔다. 그 느낌은 지금도 가슴속 깊이 남아 있다. 다섯 살 때 나는 갑자기 어머니에게 "블랙홀에 들어가도 무선으로 우주선과 연락할 수 있어?"라고 물었다고 한다. 아마도 인간은 우주 어디라도 갈 수 있는 기술을 가졌다고 믿었던 모양이다. 하지만 자라면서 80년대의 기술이란 고작 하이파이 스테레오나 컬러텔레비전 수준에 불과하다는 사실을 알고 실망했었다. 현실에 눈을 뜬 것이다.

당시는 아직 소련이 존재하고 철의 장막이 유럽을 가르고 있던 시절이었다. 소련의 선전 활동(프로파간다)으로 인해 동부에서 건너오는 정보가 매우 빈약했기에 텔레비전이 보여주는 공산권 국가의 모습은 마치 우주 어딘가에 존재하는 다른 행성처럼 보였다. "왜 저기에는 갈 수 없어?"라고 어머니에게 물어봐도 이해할 수 없는 대답만 돌아왔다. 어째서 지구는 나라별로 갈라져 있는 걸까? 왜 저쪽에는 갈 수 없을까? 궁금한 것투성이였지만 내가 할 수 있는 건 그저 저쪽의 생활과 습관을 하나씩 상상해보는 것뿐이었다.

"나는 백인이지? 하지만 세상에는 흑인도 있고 황색인

보이지 않는 세계에 발을 들여놓다

종인 아시아인도 있잖아. 그렇지?", "백인이 아시아에 가면 그 사람들이 깜짝 놀랄까?" 늘 이런 터무니없는 질문을 쏟아내는 아들 때문에 어머니는 항상 곤란해하셨다. 나는 다른 문화권의 사람들과 그들의 생활에 관심이 많았다. 체격이나 습관, 문화가 다른 백인과 흑인, 아시아인이 처음 만났을 때의 충격과 그로 인해 발생하는 화학반응을 상상하는 일이 즐거웠다.

여덟 살이 되었을 때, 나는 부모님과 함께 광활한 자연에 둘러싸인 산 아랫마을로 이사를 했다. 그리고 이 마을에서 겪은 일이 보이지 않는 세계를 접하는 출발점이 되었다. 원래 이 마을은 프랑스에서도 UFO가 자주 목격되는 곳으로 유명했다. 마을이 내려다보이는 산 정상에는 텔레비전과 라디오 전파를 중계하는 큰 안테나가 있었다. 그 산은 '아프리카산Mont Afrique'이라 불렸는데, 옛날 프랑스의 식민지였던 알제리에 전파를 보냈기 때문에 그런 이름이 붙었다고 한다. 초등학교 1학년 때부터 6년간, 나는 산들에 둘러싸인, 주민이 400명밖에 없는 이 작은 마을에서 살았다. 당시에 살았던 집이 지금도 생생히 기억난다. 그 집에서 겪었던 일도 내가 보이지 않는 세계에 발을 들여놓는 데 영향을 미쳤다. 이사하고 얼마 지나지 않아서 나는 전에 이 집에 살던 가족의 사연을 들었다. 아버지가 가족을 모두 해치려 해서 부인과 아이들이 도망쳤고 아버지는 결국 스스로 목숨을 끊었다는 이야기였다. 그 집에 사는 동안 그의 유령을 보지 않게 해달라고 얼마나 기도했는지 모른다.

그 집에서 가장 무서운 장소는 바로 내 방 앞 복도였다. 거실이나 주방으로 가려면 반드시 지나가야 했지만, 그 복도를 지나가기가 그렇게 싫을 수가 없었다. 밤이 되면 복도 전등을 환히 밝히고 잰걸음으로 뛰다시피 해서 방에 들어갔다. 어머니는 전기가 아까우니 되도록 불을 켜지 말라고 하셨지만, 그 복도만은 도저히 전등을 켜지 않고는 지나갈 수 없었다. 항상 누가 있는 것 같았다. 보이지는 않았지만 느껴졌다. 자살한 전 주인의 유령인지 아닌지는 모르지만, 가끔 밤에 누군가 복도에 서 있는 듯한 느낌이 피부에 생생하게 전해졌다. 그래서 방에 들어갈 때는 기분 탓이라며 스스로 타이르기도 하고, 큰소리로 노래를 부르며 방까지 뛰어가기도 했다. 그래도 겁이 나서 가슴이 콩닥콩닥 뛰었다. 왜 이렇게 무서울까? 스스로 생각해도 이상했지만 늘 몸은 머리보다 먼저 반응했다. 어느 날 어머니에게 "이 집에 무언가 있는 것 같아."라고 말했는데, 어머니도 "맞아. 엄마도 가끔 무언가 있는 것 같은 기분이 들 때가 있단다."라며 고개를 끄덕이셨다.

그 집을 떠나기까지 6년간 그 느낌은 계속됐다. 부모님은 늘 "유령 같은 것은 없다!"라고 하셨지만, 그 말과 모순되는 느낌이 항상 곁을 맴돌았다. 나는 복도를 지날 때마다 부모님의 말씀을 곱씹으며 믿으려 했다. 스스로 감각을 닫으려 노력했다.

'보이는 세계'와 '보이지 않는 세계'

그 후로 우리 가족은 두 번 더 이사했다. 한 번은 디종으로, 그다음에는 처음 UFO를 만난 샹보르 뮈지니 마을로 옮겼다. 디종은 비교적 큰 마을이었지만, 샹보르 뮈지니 마을은 디종 외곽에 있는 유명한 와인 산지로 초등학교 때 살던 마을보다 더 시골이었고, 온통 포도밭으로 둘러싸인 인구 350명의 작은 마을이었다. 지금 생각하면 나는 이 마을에서 조금씩 UFO를 만날 준비를 해왔던 것 같다. 그도 그럴 것이 그곳은 열일곱 소년에게는 너무나 지루한 환경이었고 딱히 즐길 만한 것도 없었다. 열정을 쏟아부을 만한 일이 아무것도 없었기에 책이 유일한 위안거리였다.

소설을 좋아하지 않았던 나는 자극적인 소재를 찾아 초

자연적 현상을 다룬 책이 있는 코너 앞에 섰다. 그리고 보이는 대로 사서 모조리 읽었다. 마을 슈퍼마켓에도 텔레파시나 UFO 같은 초자연적 현상을 다룬 책이 열 권 정도 있었는데, 새로운 책이 보이면 보이는 대로 전부 읽었다. 당시의 UFO 관련 책은 대부분 미국에서 발생한 납치사건을 다룬 내용이었다. 90년대 미국에는 '쇼트 그레이Short Greys'라 불리는 눈이 큰 회색 외계인이 인간을 납치해서 생체실험을 하고 다시 풀어준다는 내용의 책이 많았다. 그 영향으로 나도 외계인이 정말 그런 짓을 한다고 믿게 되었다.

외계인의 납치와 수술에 관한 책들은 보통 물질적 흔적을 중요시했다. 과학으로 잘 포장한 것이다. 그 덕분에 물질적 수준을 중요하게 생각하는 연구자들은 '물질적 흔적'이 남는 현상만을 좇았다. 나 역시 다른 사람들과 마찬가지로 물질적 현상, 즉 '보이는 것'이 진짜라는 입장을 고수하며 '보이지 않는 세계를 증명하는, 보이는 증거를 찾아야 한다'는 관점에서 UFO의 수수께끼를 풀려고 했다. 지금 생각해보면 미국의 외계인 납치설에 푹 빠져 있을 때 UFO를 목격하지 않아서 정말 다행이다. 그때는 인간을 실험 대상으로 삼는 외계인에게 분노하던 시기였으니 보고 싶다는 생각조차 하지 못했지만….

그 후 내 관심은 조금씩 '보이는 세계'와 '보이지 않는 세계'의 경계로 다가갔다. UFO 납치사건과 물질적 현상이라는 수준을 넘어서 외계인에 관한 새로운 정보를 찾기 시작했다. 다른 분야를 다룬 책, 예를 들면 명상이나 점술, 다우징dowsing 방법, 영능력자의 체험담을 읽기 시작했고, 전화로 펜듈럼pendulum, 탐지추을 주문해서 다우징 연습에 몰두하기도 했다. 다우징이란 질문을 생각하고 손에 든 추가 오른쪽으로 돌면 '예', 왼쪽으로 돌면 '아니오'라는 식으로 잠재의식에서 답을 찾는 방법이다. 지하수나 석유가 묻힌 곳을 찾는다며 구부러진 철사나 막대기를 들고 걸어 다니는 사람의 모습을 어디선가 한 번쯤은 본 적이 있을 것이다. 그것도 다우징의 한 방법이다. 시골에 살던 열일곱 살 무렵의 내게 이 방법은 큰 도움이 되었다. 마을 사람들의 생각이나 습관에 익숙해지지 못했던 탓인지 당시 나는 친구를 사귀지 못했고, 1년이 지나도록 친한 친구가 없었다. 그래서 혼자 있는 시간은 대부분 책을 읽거나 편지를 쓰며 보냈다.

펜듈럼 다음은 텔레파시였다. 책을 읽으며 계속 연습했다. 어머니나 간신히 사귄 친구에게 기하학적 형태의 이미지를 말이 아닌 생각으로 전달했다. 내가 머릿속으로 그린 이미지를 상대에게 보내고, 상대는 내가 보낸 이미지를 받는 식이다. 딱히 달리 할 일도 없어서 매일 연습에 매달렸다. 덕분에 서서히 텔레파시 교신 성공률이 올라가고 자신감도 생겼다.

그러던 어느 날 어머니가 운전하는 차를 타고 집에 돌아오던 길에 순간적으로 어머니의 생각이 또렷하게 들렸다. 새로 나온 차가 우리 차를 추월하자 어머니는 '…나도 저런 차를 몰면 멋질 텐데.'라고 생각하셨다. 일부러 어머니의 생각을 읽으려 했던 것이 아니다. 그저 아무 생각도 하지 않고 있었을 뿐이었다. 생각이 제멋대로 머릿속으로 날아들어왔고 목소리까지 들렸다. 어머니께 이야기하자 "방금 그런 생각을 했는데."라고 하셨다. 나는 입이 떡 벌어졌다.

UFO, 펜듈럼, 텔레파시. 나는 그중에서도 텔레파시 기술을 연마하려고 맹훈련을 거듭했다. 그리고 어머니와 친구 다음으로 외계인에게 텔레파시를 보내 접촉하려고 시도했다. 텔레파시 책에는 일단 정신을 집중하고 수신인을 입력하라고 나와 있었다. 수신인이란 생각을 전하고 싶은 상대를 말한다. 수신인의 이미지를 떠올리기만 하면 '접촉할 수 있다'고 했다. 그다음 메시지의 내용을 전달한다. 수신인을 계속 생각하면서 전하고 싶은 메시지를 말이 아니라 느낌으로 전달한다. 나는 누구에게 보낼지 고민했다.

앞에서 말한 '쇼트 그레이'와는 다른 외계인이었으면 좋겠다고 생각했지만, 결국 사마귀처럼 생긴 얼굴의 외계인밖에 떠오르지 않았다. 일단은 무조건 '외계인'에게 보내겠다는 생각에만 집중했다. 형태보다는 감각적으로 외계인을 만나는 상상을 하며 짧은 메시지를 보냈다. '당신들을 만나고 싶다'라고.

문제는 성공인지 실패인지 바로 알 수 없다는 점이었다. 상대가 어머니나 친구라면 보내고 바로 결과를 알 수 있지만 소속이 어딘지, 있는 곳은 어딘지 분명하지 않은 외계인에게 '만나고 싶다'는 메시지를 보내는 일은 편지를 넣은 병을 바다에 흘려보낸 것이나 다를 바가 없었다. 이래서는 그저 혼자 하는 놀이에 불과하다는 생각에 나는 낙담했다.

하지만 며칠 뒤. 한밤중에 갑자기 잠이 깬 나는 벌떡 일어났다. 마음에 무언가가 울렸다. '만나러 갈게.' 누군가 그렇게 말한 것 같았다. 갑자기 무서워져서 이불 속으로 기어들어 갔다. 다음날 어머니에게 이야기하려고 했지만 어째서인지 입이 떨어지지 않아 대신 쪽지를 써서 건넸다. 잠시 후 받은 답장에는 '상상이 너무 커져 버린 건 아닐까?'라고 쓰여 있었다. '그런가, 역시 기분 탓일까?' 상식선에서 생각하면 그 말이 맞았다.

'보이는 세계'와 '보이지 않는 세계'

달과 목성이 만나는 밤

펜팔 상대를 찾던 때도 그때쯤이었다. 잡지에 실린 모집 글을 보고 연락을 해온 사람들에게 편지를 쓰다 보니, 어느새 40명이 넘어 매일 네다섯 통의 편지를 받았다. 그중에는 초자연적 현상에 관심이 있는 사람도 있었다. 이런저런 현상에 대해 경험과 의견을 나누다 보면 마음이 탁 트이는 기분이 들었다. 그러다 설명하기 어려운 현상에 관심이 있는 사람들끼리 모임을 만들어 몇 시간, 며칠에 걸쳐 토론하기도 했다.

당시는 프랑스 전역에 UFO 열풍이 불던 때였다. 관련 잡지가 잇따라 창간되고 매달 한 가지 주제를 잡아 영상까지 만들며 철저하게 파헤치는 월간지도 나왔다. '팩터

X$^{\text{Facteur X}}$'도 그런 잡지 중 하나로, 최초로 비디오가 부록으로 딸린 잡지여서 발매 즉시 큰 호평을 받았었다. 나는 이 잡지에도 '펜팔 상대 구함'이라는 공고를 냈다.

그리고 2주 후에 돌연 전화가 걸려왔다. "UFO에 관심이 있는 샤므르와 씨 댁인가요?" 나이가 지긋한 할아버지였는데, 자신을 UFO를 쫓는 클로드라고 소개했다. 클로드 씨와 잠시 UFO에 관해 이야기를 나누었는데, 그가 갑자기 "저는 요즘 UFO 사진을 찍는답니다."라는 말을 꺼냈다. 클로드 씨는 몇 주 전부터 가끔 밤하늘에서 무언가가 빛나는 모습을 보았다고 했다. 그는 섬광처럼 강한 빛이 방 안에 비쳐 창을 내다보면 하늘에 빛나는 물체가 떠 있었다고 했다. 마치 별이 자유롭게 움직이는 것처럼 보였고, 황급히 사진을 몇 장 찍자 빠른 속도로 사라져버렸다고. 그런 일이 대여섯 번 정도 있었다며 다음에 사진을 보여주고 싶다고 해서 만나기로 약속을 했다.

디종에서 만난 클로드 씨는 시종일관 UFO 이야기만 쏟아냈다. 나는 그런 어른을 처음 보았고, 이런 이야기를 가볍게 입 밖에 내면 안 된다고 생각하고 있었다. 편지로는 경험과 의견을 이야기했지만, 사람들 앞에서 UFO나 외계인 이야기를 꺼내는 일은 늘 조심스러웠다. 그래서 "자네

달과 목성이 만나는 밤

는 UFO 이야기를 별로 하고 싶지 않은가?"라는 클로드 씨의 말에 "사실 이런 이야기를 누구와도 해본 적이 없고, 제가 낯을 좀 가려서요."라며 구차한 변명을 늘어놓았다. 그러면서 내가 사진을 보여달라고 부탁하자 클로드 씨는 앨범을 꺼냈다. 앨범을 만들 만큼 사진이 많다는 사실에 살짝 놀랐다.

사진에는 깜깜한 하늘에 보통 별보다 약간 밝은 빛 하나가 찍혀 있었다. "여기 빛나는 물체가 그날 본 UFO야." 클로드 씨는 그렇게 말했지만 내 눈에는 그 하얀 점이 UFO로 보이지는 않았다. UFO 사진을 구실로 말 상대가 필요했던 외로운 어르신에게 걸려들었나 싶어 순간 불안이 스쳐 지나갔다. 사진은 모두 다섯 장이었는데 내 눈에는 모두 그냥 평범한 별로 보였다. 기대가 깨지자 그냥 빨리 돌아가고 싶어졌다. 우리 마을은 디종에서 버스로 45분 정도 걸렸고, 주말에는 운행하는 배차수도 적어서 빨리 집에 돌아가야 하기도 했다.

돌아가는 버스 안에서 나는 머릿속이 복잡했다. 만약 클로드 씨의 이야기가 진짜라면 좋겠지만, 아니면 실망할 테니 큰 기대는 하지 말고 이성적으로 상황을 지켜봐야겠다는 생각이 들었다. 하지만 한편으로는 사진이야 어쨌든 함께 UFO 이야기를 나눌 상대를 만났다는 사실이 기쁘기도 했다. 이런 이야기를 나눌 상대가 달리 없었기 때문에 역시 클로드 씨와는 잘 지내야겠다고 생각했다.

그다음 주말에 클로드 씨에게 전화가 걸려왔다. "또 사진을 찍었어! 이번에는 더 확실히 보여!" 만나서 사진을 보니 확실히 지난번보다는 빛이 더 크게 찍혀 있었다. 하지만 역시 UFO라고 단언하기는 어려웠다. 가만히 생각해보니 이렇게 UFO 사진을 자주 찍는다는 것 자체가 이상했다.

클로드 씨의 말에 따르면 일주일에 한 번 정도 밤중에 빛이 보여 잠에서 깨고, 그때 창밖을 보면 UFO가 신기한 형태로 비행을 하는 모습을 보여준다고 한다. 흥미로운 이야기였지만 그 이야기를 증명하려면 이 사진만으로는 충분하지 않았다. 하지만 UFO가 날아다니는 모습을 설명하는 클로드 씨의 태도가 너무나 진지해서 어쩌면 진짜일지도 모른다는 생각도 들었다.

"우리는 외계인과 접촉한 거야! 이번에는 자네가 만날 차례라고!"라고 말하는 클로드 씨에게 내가 "저는 괜찮아요. UFO를 봐도 별 의미도 없고."라고 대답하면, 그는 "의미 따위가 뭐가 중요해! 자네도 분명 만날 거야."라고 맞받아치며 매번 실랑이를 벌였다. 나는 고도의 과학기술을 사용해 UFO를 조종하는 외계인과 그들의 지성에는 관심이 있었지만, 사실 그들이 만든 물건에는 별로 관심이 없었다.

클로드 씨는 천체망원경을 가지고 있었는데, 어느 날은 사용해 본 적도 없는 내게 "이거 한 번 봐봐."라며 집까지 가져다주셨다. 언제 어떻게 써야 하는지도 몰랐던 나는 망원경을 침대 아래에 넣어 놓고 그대로 방치할 수밖에 없었다. 그러다 신문에서 〈달과 목성이 만나는 밤!〉이라는 기사 제목을 본 순간, 번뜩 천체망원경을 써볼 기회라는 생각이 들었다. 그래서 이미 앞에서 말한 대로 넓은 테라스가 있는 집에 사는 친구에게 연락했다. 그리고 달과 목성이 만났던 그날 밤, 나는 UFO를 만났다.

아무것도 없다. 하지만 존재한다

UFO를 본 다음 날, 나는 클로드 씨에게 전화했다. "나도 봤어. 사진도 찍었다고!" 클로드 씨는 신이 나서 목소리를 높였다. 같은 날, 같은 시각에 그도 UFO 사진을 찍었다. '어제 디종 방향으로 사라졌으니 분명 같은 UFO겠지? 클로드 씨의 이야기는 사실이었구나!' 기뻤다. 하지만 다음 순간, '그런데 UFO를 보면 그다음은 납치 아닌가?' 이런 생각이 들자 무서워졌다. 놀이의 수준을 넘어섰다는 생각에 몸이 저절로 떨려왔다. 점점 밤이 무서워졌고 혹시 나를 납치하려는 UFO가 나타나지 않을까 불안했다. 그래서 되도록 밤에는 인적이 드문 곳에 가지 않았다. UFO를 목격한 이후 나는 무언가에 관찰당하는 듯한 기분을 느끼기 시작했다. 낮이나 밤이나 누군가가 나를 지켜보고 있는 듯한 느낌, 지금까지 한 번도 느껴보지 못한 기묘하고도 강렬한 느낌이었다. 그래서 샤워하기 전에 항상 창문을 확인했다.

 그러던 어느 토요일 밤, 불현듯 잠에서 깼는데 방 전체 모습이 보였다. 잠에서 깨기는 했지만, 의식만 돌아왔을 뿐 눈은 아직 감은 채였다. 그런데 방안이 보였다. '이상하다. 어떻게 된 거지?'라고 생각한 순간, 머릿속에 'UFO를 보고 싶어? 지금 밖에 있어.'라는 목소리가 울렸다. 소름이 돋았다. 어머니 말대로 외계인 납치 관련 책을 너무 많이 읽어서인지, 늘 외계인을 만나서 대화하거나 우주선을 안내받는 시나리오를 상상해 왔으면서도 막상 납치와 생체실험만 머릿속에 떠올랐다. 우리 마을은 주민도 별로 없고, 게다가 내 방은 2층이어서 도와달라고 외쳐봤자 올 사람도 없었다. 그런 생각이 드니 겁이 더 났다. '아무 소리도 듣지 못했어. 그 목소리는 상상일 뿐이야. 줄리앙, 너는 상상력이 풍부하잖아. 그냥 불안이 만들어낸 가상현실에 불과해.' 그렇게 자신을 타이르며 다시 잠을 자려고 했다. 그때 다시 '기다리고 있어.'라는 말이 마음에 울렸다. 이번에는 방 안뿐만 아니라 바깥 풍경까지 보이기 시작했다. 건

넛집과 가로등이 보였고, 무언가 빛나는 물체가 하늘에 떠 있는 모습이 얼핏 보였다. 그것으로 충분했다.

'무서워서 지금은 보고 싶지 않아.' 나는 마음속으로 그렇게 대답하고 이불 속을 파고 들어갔다. 좀 전에 들린 목소리는 어머니의 생각을 텔레파시를 통해 들었을 때보다 훨씬 정중하고 다정한 말투였다. 마치 바람이 살짝 불어와 스치는 것처럼 마음에 울렸다.

이렇게 해서 나는 목성과 달이 만난 날 UFO를 본 이후, 딱히 누구라고 특정할 수 없는 존재와 묘한 소통을 시작하게 됐다. 처음에는 기분 탓이거나 사춘기 특유의 불안한 심리 상태가 불러온 상상일 뿐이라고 치부했지만, 시간이 지나자 매일 일어나는 사실을 계속 부정할 수가 없었다. 그 목소리는 늘 바람의 속삭임 같이 불쑥 마음에 울렸다. 사실 그때까지 내가 상상해 왔던 외계인과의 만남은 좀 더 물리적이고 구체적이었다. 아마도 프랑스 문화의 영향 때문일 것이다. 논리에서 벗어난 현상은 쉽게 받아들이지 못했다. 그래서인지 그들은 더 강렬한 접근법을 시도했다. 단순히 기분 탓으로 돌릴 수 없을 만큼 집 안에서 느껴지는 그들의 존재감이 너무나 뚜렷해졌다. 그들의 존재를 항상 느낄 수 있었다.

아무것도 없다. 하지만 존재한다

구체적인 양상을 설명하자면 이렇다. 늦은 오후에 '오늘 밤 갈게.'라는 메시지가 가볍게 마음에 울린다. 집에 돌아오면 전체적으로 분위기가 달라져 있고, 전등을 켜지 않은 방에 들어가면 이유 없이 겁이 난다. 누군가가 뒤를 쫓아다니는 느낌이 든다. 그러다 조금 지나면 누군가 자신을 지켜보고 있는 느낌으로 변한다. 저녁 여덟 시가 넘으면 이제는 가까이에 누군가가 있는 듯한 느낌이 들기 시작한다. 그런 기분을 떨쳐버리고 잊어버리려고 아무리 애를 써도 소용이 없다. 방에 불을 켜고 아무도 없다는 사실을 눈으로 확인해도 그 느낌은 사라지지 않는다. 오히려 시간이 지날수록 더 선명해지고 몇 명인지까지 느껴지기 시작한다. 그러다 어느새 더는 부정할 수 없을 만큼 분명하게 그들의 존재가 느껴진다. 눈으로 확인할 수 없으니 머릿속에서는 '보이는 세계'와 '느끼는 현상' 사이의 다툼이 벌어진다. 그리고 어느 쪽이 옳은지 다투는 사이에 모순이 생겨버린다. 몸으로 느끼는 감각을 믿을 것인지, 눈으로 몇 번이고 확인한 사실을 믿을 것인지.

열 시가 넘어가면 문 바로 뒤에 어떤 존재감과 숨결이 확실하게 느껴진다. 문을 열면 정말로 눈앞에 누군가가 서 있을 것 같아 점점 더 무서워진다. 그러면 나는 음악을 틀고 텔레비전을 켠다. 전등을 몽땅 켜 놓고 방안에 틀어박

힌다. 친구와 통화하는 동안은 잠시나마 잊을 수 있지만, 전화를 끊고 나면 다시 그들의 존재가 느껴진다.

밤 열한 시, 열두 시가 되면 내일 등교를 생각해 자야 했지만, 너무 무서워서 식은땀만 흘린다. 억지로라도 잠을 청하려고 텔레비전과 전등을 그대로 켜둔 채 이불 밑으로 몸을 숨긴다. 그러면 그들은 문을 통과해 방으로 들어온다. 그리고 이불 밑에 숨어 있는 내 얼굴 가까이에 자기 얼굴을 들이민다. 이 순간 공포가 최고조에 달한다. 심장이 두방망이질하는 소리가 귓가에 맴돌며 온몸은 땀으로 범벅이 된다. 그리고 나는 결국 정신을 잃는다. 다음 날 아침, 자명종 시계 소리에 눈을 떠보면 여전히 그들의 존재가 느껴진다. 다만 전날 밤만큼 강하지는 않다. "아직도 있는 거야?" 나는 결국 불만을 터뜨린다. "정말 짜증 나!"라고 소리치며 벌떡 일어나면 새로운 하루가 시작된다.

이런 일이 UFO를 목격한 뒤부터 일주일에 몇 번씩, 몇 년 동안 계속됐다. 처음에는 전에 그 집에 살던 사람이 유령이 되어 떠나지 못하는 줄 알았다. 하지만 그들의 존재를 느낀 날 밤에는 영혼이나 유령이 아니라 꼭 외계인 꿈을 꾸었다. 밤사이 구체적으로 무슨 일이 일어났는지는 모른다. 하지만 무슨 일이 있었던 것만은 분명했다. 확실히

아무것도 없다. 하지만 존재한다

느낄 수 있었지만 깨어나서 밤에 있었던 일을 기억해보려고 하면 전혀 떠오르지 않았다.

UFO 사진을 찍은 클로드 씨에게 외계인의 존재가 느껴진다고 이야기하자 그는 "기억나지 않는다면 단순히 기분 탓일 거야. UFO는 과학적으로 연구해야 해. 물리적인 증거가 없으면 할 말이 없지."라고 했다. 물리적으로 보여줄 것이 없으면 더는 할 말이 없다는 그의 말에 나는 동의할 수밖에 없었다. 하지만 아무리 그렇게 생각하려고 해도 그들의 존재가 느껴졌을 때의 공포는 그냥 넘길 수가 없었다. 나는 온몸으로 그들의 존재를 느꼈다. 지나친 망상으로 치부해버릴 수 없는 무언가가 확실히 있었다.

하지만 보이는 세계만을 믿고 살아온 나에게 이런 생각은 너무나 큰 모순이었다. 혹시 내 머리가 어떻게 된 건 아닐까? 나 혼자 겪은 일이니 그냥 지나친 망상이라고 인정하자며 스스로 한발 물러서는 마음도 있었다. 질문에 질문을 거듭하며 펜듈럼의 '예'와 '아니오' 사이에서 나는 길을 잃고 헤맸다.

그러던 어느 날, 오렐리라는 친구에게 클로드 씨와 UFO 사진에 관한 이야기를 털어놓았다. 오렐리는 같은 고등학교에 다니는 친구였다. UFO 이야기에 관심이 생겼는지 그

다음 주 토요일에 함께 클로드 씨 집에 가기로 했다. 클로드 씨가 사진을 보여주자 오렐리는 "외계인이 진짜 있구나! 다행이다!"라고 외치며 나를 돌아보고 말을 이었다.

"고마워. 그들이 있다는 사실을 알아서 너무 기뻐."

감정을 솔직하게 표현하는 오렐리가 멋져 보였다. 그런데 다음 월요일에 학교에서 만난 오렐리는 이상한 말을 꺼냈다.

"토요일 밤에 집에 돌아갔더니 내 방에서도 희미하게 뭔가 느껴졌어. 그들이 아닐까?"

"뭔가 느껴졌다니? 무슨 말이야?"

"누군가 있는 것 같은 느낌말이야. 보이지는 않았어. 하지만 문 앞에 계속 서 있는 것 같았어."

"무섭지 않았어?"

"왜 무서워?"

"보이지 않는 존재가 느껴졌다며."

"바로 잠들어 버리기도 했고, 그렇게 심각하게 생각하지는 않았는데."

'오렐리도 그들의 존재를 느꼈구나.' 나 말고 다른 사람도 같은 경험을 했다는 말은 내가 미치지 않았다는 증거였다. 기뻤다. 그리고 이야기할 상대가 한 명 더 생겨서 좋았다.

아무것도 없다. 하지만 존재한다

보이지 않는 '방문'

　프랑스의 고등학교에는 시험이 많다. 고등학교는 한국과 마찬가지로 3년제고, 3학년이 되면 '바칼로레아Baccalaureate'라는 대학입학 자격시험 준비를 시작한다. 새학년은 9월에 시작하고 졸업시험은 6월이다. 7~8월, 두 달 동안 여름방학인데 내가 처음으로 UFO를 목격한 것도 열여덟 살 생일을 앞두고 있던 고등학교 2학년 여름방학 때였다.

　UFO를 목격한 직후부터 외계인의 존재가 느껴지기 시작했고, 일주일에 두세 번은 그런 현상이 일어났다. 나는 이 현상을 '방문'이라 부르기로 했다. 그리고 언젠가부터 낮에도 누군가가 나를 지켜보는 느낌이 들었다. 기분 탓으로 돌리고 무시할 만한 수준을 넘어 누군가에게 감시당하는 것 같았다. 무슨 일이 벌어지는지도 모른 채 공포에 떠는 밤이 이어졌다. 엄연한 사생활 침해였고, 너무 지나치다는 생각까지 들었다. 여러 번 저항해봐도 상황은 전혀 나아지지 않았다. 화도 내고 애원도 해봤지만 그들의 존재감은 사라지지 않았다. 분명한 느낌과 보이지 않는 현실 사이의 모순. 나는 내 심리 상태와 정신 상태를 몇 번이고 의심했다. 그런 일이 있을 때마다 스스로 다시 생각해보고 현실감각을 잃어버리지 않았는지 확인했다.

그들은 자주 '방문'했고 양상도 조금씩 달라졌다. 오후 두 시가 지날 무렵 '오늘 밤, 갈게.'라는 느낌이 마음에 울린다. 처음에는 기분 탓이라며 그냥 넘기려 했지만, 그날 밤에는 반드시 그들이 '방문'했기 때문에 곧 이것이 하나의 신호라는 사실을 깨달았다.

오후 다섯 시쯤이 되면 누군가 지켜보는 느낌이 들기 시작한다. 어디에 있든지, 누구와 있든지 그 느낌에서 벗어날 수 없다. 예를 들면 이런 느낌이다. 다큐멘터리 방송을 찍는 카메라가 조용히 나를 촬영하고, 그런 내 모습을 카메라 너머로 많은 사람이 보고 있는 느낌. 상대는 나를 집요하게 쫓고 있지만 나는 촬영하는 사람의 모습을 볼 수 없다. 그런 느낌이 시간이 지날수록 점점 강해진다. 마치 카메라맨이 점점 다가오는 것처럼. 눈을 감으면 아주 가까이에서 그의 존재가 느껴진다. 하지만 눈을 떠도 보이지 않는다. 저녁이 되고 해가 지면 어둠이 짙어진다. 그러면 괜히 어두운 곳이 무서워진다. 그래서 되도록 밝은 길을 골라 집으로 돌아온다. 집에 도착할 때까지 계속 누군가 따라오는 것 같은 느낌이 든다. 하지만 몇 번을 돌아봐도 아무도 없다.

여덟 시쯤이 되면 무언가가 집 안에 있는 듯한 느낌이 든다. 그 느낌은 꼭 현관에서부터 느껴졌다. 그들은 항상 현관문을 통과해 집에 들어온다. 문이나 벽을 통과할 수 있으니 어디로 들어오든 상관없지 않냐고 한마디 하고 싶기도 했다. 하지만 무슨 이유에선지 그들은 저녁 여덟 시나 아홉 시경까지 계속 현관 주변에만 머무른다. 그 사이에 파동이 달라지면서 존재감이 점점 또렷해진다. 분명 무언가가 있지만 눈으로는 확인할 수 없다. 전등이란 전등은 모두 켜고 아무리 주위를 둘러봐도 아무것도 없다. 하지만 존재한다. 현관 쪽으로 가면 소름이 돋는다. '도대체 왜?' 그냥 현관문밖에 보이지 않는다. 그런데도 무서워서 소름이 끼치고 비명을 지르고 싶어진다. '여기 있고 싶지 않다. 대체 뭐가 그렇게 무서운 걸까? 보이는 건 아무것도 없는데….'

결국 내 머릿속에서 나와 또 '다른' 내가 긴 싸움을 시작한다. 오감으로 확인한 사실만 믿으려는 나와 불가사의한 느낌을 받아들이려는 나의 싸움이다. 나는 항상 오감을 동원해 모든 사실을 하나씩, 몇 번이고 확인한다. 하지만 아무리 뚫어져라 쳐다봐도 아무것도 없다. 말을 걸어도 대답이 없고, 그들의 존재가 느껴지는 곳에 손을 뻗어 보아도 아무것도 만져지지 않는다. 냄새도 없다. 따라서 존재할 리가 없다는 결론을 내릴 수밖에 없다.

그래도 여전히 존재가 느껴진다. '파동'이 느껴진다. 그들은 파동의 강약을 조절하며 존재감을 드러낸다. 존재감이 강해지면 공포도 짙어지고, 존재감이 약해지면 조금 안심이 됐다. 대체 내 몸 어느 기관이 그 파동에 자극받는 걸까? 눈이나 귀는 아니다. 그리고 피부도 아니다.

밤 아홉 시가 지나면 그들은 현관에서 내 방 앞으로 이동해 그곳에서 한동안 기다린다. 문 바로 뒤에 있다는 걸 알 수 있다. 그래서 문을 등지고 설 수 없었다. 1초라도 눈을 떼면 그 틈에 분명 방으로 들어올 거라 생각했다. 존재감이 강해졌다 약해지기를 반복할 때마다 내 몸도 함께 반응한다. 존재감이 강해지면 가슴이 두근거리고 체온이 상승하면서 위기감에 사로잡힌다. 반대로 약해지면 조금 진정이 된다. 그들의 존재감을 느낄 때마다 내 몸은 자동 온

보이지 않는 '방문'

도 조절기처럼 반응했다.

그 뒤에 또 다른 현상이 일어난다. 그들의 존재를 무시하려고 필사적으로 노력하다 보면 오히려 그들은 자신들의 존재를 더 강하게 드러내며 내 의식 속으로 비집고 들어오려 했다. 자기들을 더 강하게 의식하도록 만들고 싶은지 이번에는 이명이 들리기 시작한다. 이명이라고 표현했지만 사실 귀 안쪽에서 들리는 소리는 내 몸에서 나는 소리가 아니라, 귀 안쪽으로 들어온 무언가가 내는 소리다. 처음에는 작지만, 소리는 점점 커져서 나중에는 이명이 생긴 쪽 귀에 외부 소리가 전혀 들리지 않게 된다. 그 소리가 들리기 시작하면 자동적으로 그들을 생각할 수밖에 없었다. 그래서 외계인은 그 후에도 몇 년 동안이나 귀 안쪽에서 들리는 이 소리를 나와 접촉할 때 사용하는 신호로 삼았다.

그러다 보면 잘 시간이 된다. 나는 공포에 휩싸인 상태로 텔레비전을 켠 채 침대에 누워 빨리 잠들기만을 기도한다. 그러면 그들은 방으로 들어와 이불 아래에 숨은 내 얼굴에 자신의 얼굴을 가까이 들이댄다. 무서워서 땀이 비 오듯 쏟아진다. 쿵쾅쿵쾅. 이번에는 귓속에서 내 심장이 뛰는 소리가 들린다. '더는 못 참겠어. 차라리 기절했으면.' 그리고 나는 정말로 의식을 잃는다.

이런 일련의 현상은 고등학교 2학년을 마친 여름부터 졸업할 때까지 한 주에 몇 번은 반드시 일어났다. 다만 딱 한 번, '방문' 횟수가 늘었던 적이 있었다. 3학년 2학기 기말고사 전 1주일 동안은 매일 그들이 '방문'했다. 안 그래도 시험공부로 힘들 때라 나는 "정말 너무해!"라고 화를 내며 소리쳤다. 당시 내게는 그들이 시험공부를 방해하러 오는 귀찮은 존재로밖에 보이지 않았다. 하지만 몇 년 후에 왜 그 시기에 그들이 자주 '방문'했는지 그 이유를 알게 됐다.

이유는 이랬다. 시험공부에 집중하다 보면 나와 영혼 사이에 틈이 생기고, 영혼을 감싸고 있는 자아가 흐려지면서 영혼은 해방된 상태에 가까워진다. 그래서 오직 공부에만 몰두했던 그 시기, 자아에서 벗어난 나의 영혼은 그들의 눈에 자신들이 마음껏 들어갈 수 있는 공간을 가진 영혼으로 보였던 것이다.

'파동'을 느끼다

UFO를 목격한 이후에 나는 '파동'이라는 현상을 체험했다. 그전에도 파동을 느낀 적이 있었는지는 잘 기억나지 않는다. 하지만 이때부터 나는 외계인의 존재를 시각이나 청각과 같은 오감이 아니라 파동으로 느끼게 되었다.

그들이 찾아오면 집 어디에 있는지 '파동'으로 알 수 있었다. 파동은 보이지 않고 손으로 만질 수도 없다. 아무 소리도 들리지 않고 맛이나 냄새도 없다. 그래서 몸 안의 어떤 기관이 그들의 존재를 느끼는지는 모른다. 그때 나는 느낌이나 감정 따위에는 별 관심이 없었고, 남자라면 그런 것에 신경 쓸 필요가 없다고 생각했다. 하지만 그들이 방문했을 때의 느낌은 도저히 그냥 넘길 수 없었다.

일단 그들이 찾아오면 방의 분위기가 달라졌다. 그들은 자기 파동의 강약을 아주 쉽게 조절했고, 내가 있는 공간의 파동도 자유자재로 조절할 수 있었다. '파동'은 라디오 전파와 비슷해 높아지기도, 낮아지기도 한다. 그리고 그 변화에 따라 내 반응도 다양하게 변한다. 나는 이런 현상을 여러 번 겪었다.

그들의 파동이 약할 때는 왠지 모르게 그들의 생각이 머릿속에 떠오르는 정도다. 그러다 파동이 약간 강해지면 누군가가 나를 지켜보는 느낌이 들기 시작한다. 여기서 더 강해지면 방 어디에 그들이 있는지 느낄 수 있었다. 느낌이 나는 쪽으로 가까이 다가가도 아무것도 보이지 않았지만, 그들의 존재가 피부로 강하게 느껴져서 놀라곤 했다. 파동이 더 강해지면 보이지 않아도 그들의 키와 크기까지 어렴풋이 알 수 있었다. 가장 강할 때는 마치 눈 부신 태양빛 아래 서 있는 듯한 따스함이 피부로 느껴지고 눈을 감고 있어도 그들이 어디에 있는지, 어떻게 움직이고 있는지까지 분명하게 알 수 있었다. 하지만 그다음에 무슨 일이 벌어질지 몰라 터질듯한 심장 고동이 온몸에 울렸다. 그러다 그들의 파동이 약해지면 몸의 감각들도 안정을 찾았다.

방 안의 파동이 변하면 간접적으로 내 파동이 변하기도

했고, 그들이 직접 내 파동을 바꾸기도 했다. 궁금한 것이 있어 멍하니 생각에 빠져 있으면 갑자기 그들의 존재가 느껴지나 싶더니 답이 번뜩 떠오르는 일이 자주 있었다. 나는 그들이 직접 파동으로 정보를 전달해주었다고 생각한다.

그즈음 외할아버지가 폐암으로 돌아가셨고, 어머니는 큰 충격을 받으셨다. 부녀 사이가 유별날 정도로 좋았던 탓에 어머니는 슬픔에 빠져 지내셨다. 장례가 끝나고 얼마 뒤에 어머니가 "집에 할아버지가 있는 것처럼 느껴진다." 라고 말씀하시기 시작했다. 분명 기분 탓이었겠지만 그걸로 조금이라도 위로가 된다면 뭐가 문제겠느냐 싶었다.

"오늘도 할아버지가 계셨어. 할아버지 냄새가 났는걸."

"오늘은 꿈에 나타나셨어."

하지만 어머니는 자주 할아버지를 느끼셨고, 심지어 점점 구체적으로 발전했다. 나는 조금 걱정이 되었다. 금세 원래대로 돌아올 거라 생각했는데 어머니는 점점 현실과 멀어지셨고, 나는 어떻게 하면 좋을지 몰라 망설였다. 파동에 민감한 내가 할아버지의 존재를 느끼지 못했을 리가 없었다. 그러니 이건 어머니의 상상이 만들어낸 산물일 뿐이라 생각했다.

그러던 어느 날 밤, 외계인이 또 '방문'했다. 평소와 같은 방식으로 나타났고 나는 공포에 떨다 기절하듯 잠이 들었다. 한밤중에 잠에서 깼는데 그들이 아직도 방에 있었다. 그때 할아버지가 침대 위에 앉아 있는 모습이 보였고, 할아버지의 '파동'이 느껴졌다. 돌아가신 분의 파동은 그때 처음 느꼈다. 그 파동은 방 안에 있는 외계인의 파동과는 확연히 달랐다. 할아버지는 침대에 앉은 채로 가만히 나를 지켜보고 계셨다. 나를 걱정하고 계신 마음이 전해졌다. 왜 이 방에 외계인이 있는지, 내가 무엇을 하는지 이상하게 생각하시는 듯했다. 할아버지가 나를 걱정한다는 건 유령이 된 할아버지에게는 외계인이 보인다는 말이었다. 이 경험은 아직도 내 기억 속에 선명하게 남아 있다.

다음 날 아침 나는 어머니에게 말했다.

"어젯밤에 할아버지가 왔었어. 그런데 그들도 있었거든. 그래서 할아버지가 내 걱정을 하셨는데, 내가 '할아버지가 어떻게 할 수 있는 일이 아니니까 걱정하지 마세요.'라고 했어."

그러자 어머니가 이렇게 말씀하셨다.

"그랬더니 할아버지가 머리를 숙이셨지? 엄마도 다 봤단다. 내 방에서. 나는 꿈인 줄 알았는데 꿈이 아니었구나."

그날 나는 돌아가신 분의 파동을 인식하는 법을 배웠다.

'파동'을 느끼다

영혼의 존재를 인식하자 파동과 함께 영혼의 생각과 걱정, 고민, 바람과 같은 정보가 함께 전해졌다. 하지만 전부 막연한 느낌에 불과했고, 그냥 느낌상으로 경험했을 뿐 어찌하면 좋을지는 전혀 알지 못했다. 그래서 일단 일어나는 현상을 관찰하기로 했다. 그리고 언젠가는 도움이 될 거라는 생각에 내가 관찰한 내용과 겪은 일을 자세하게 일기에 적어두기로 했다.

그때는 인터넷이 지금처럼 보급되지 않았던 때라 각각의 경험을 어떻게 해석해야 할지, 누구에게 물어보아야 할지도 몰랐다. 그래서 해석도, 판단도 하지 않고 그저 지켜보기만 했다. 어차피 제대로 설명할 수도, 분석할 수도 없었다. 할 수 있는 일은 일어난 사건을 있는 그대로 주의 깊게 관찰해서 자세히 기록하는 것뿐이었다. 그래서 나는 '파동'을 있는 그대로 느끼고 냉정하게 관찰하기로 했다. 관찰하고 싶지 않을 때라도 예외 없이.

2장

우주의 거대한
파동 속에서

00:44, 붉게 빛나던 UFO

나에 비하면 오렐리는 훨씬 침착했다. 오렐리도 가끔 누군가가 지켜보는 느낌을 받거나 그들의 존재감을 느꼈지만, 외계인이나 그들의 '방문'을 매우 자연스럽게 받아들였다. 다만, 그들의 '방문'은 내게 더 자주 일어났고 오렐리의 체험은 나만큼 강렬하지는 않은 듯했다. 그리고 오렐리는 그들이 '방문'하고 나면 그다음 날 꿈을 통해서 정보를 받았다.

어느 날 학교에서 오렐리가 기분 좋아 보이는 얼굴로 말했다.

"어젯밤에 아주 재미있는 꿈을 꿨어. 자기 전에 그들이 '방문'했었는데 꿈속에서 빨간 종이로 만든 UFO가 하늘에서 떨어졌어. 아주 천천히. 나도 드디어 UFO를 만난다는 의미가 아닐까?"

"그래? 꿈보다 해석이 좋다."

"나도 보고 싶단 말이야. 분명 그런 계시였을 거야."

"글쎄다."

분명히 말해두지만 나는 UFO 목격 따위는 한 번으로 충분했다. 정신적으로 큰 영향을 받기는 했지만 몇 번씩 볼 필요는 없었다.

그날은 월드컵이 시작되고 일본과 크로아티아의 경기가 있었던 날이었다. 오렐리의 집에 케이블TV가 있어서 거기서 함께 시합을 보기로 했다. 모처럼 만에 열리는 일본팀의 경기여서 꼭 보고 싶었다. 게다가 고등학교 1학년 때 일본에서 온 유학생과 친해져서 나는 프랑스어를, 그 친구는 일본어를 가르쳐주는 교환 학습을 한 덕분에 나는 일본에 대해서 꽤 많이 알고 있었다. 어릴 때 일본 애니메이션에 푹 빠져 살아서 그런지 일본 문화와 일본어를 배우는 일이 재미있었다. 독특한 일본어 문자와 발음처럼 재미있는 내용을 배우면 하나둘 반 친구들에게 이야기하곤 했다. 그 덕에 오렐리도 일본에 관심이 많았다.

그날은 마침 오렐리의 부모님께서 일 때문에 집을 비우

00:44, 붉게 빛나던 UFO

셨고, 집에는 오렐리와 여덟 살배기 여동생만 남았다. 시차 때문에 시합 중계는 밤 열두 시에나 시작했기 때문에 그전까지 우리는 정원에서 느긋하게 수다를 떨고 있었다. 동생은 먼저 잠들어버렸다. 주변이 어두워지고 하늘을 올려다보니 별이 빼곡히 들어차 있었다. 구름 한 점 없는 완벽한 여름밤 하늘이었다. 칠흑같이 어두운 하늘에서 별들만 반짝였다.

그때 갑자기 소름이 끼쳤다.

"느꼈어? 그들이야." 오렐리에게 묻자 그녀는 바로

"그런 이야기 좀 그만해!"라고 대답했다.

"뭔가 느껴지지 않아?"

"그만 좀 하라니까!"

왜 저렇게 정색하는지 의아했는데, 그때 오렐리가 의자에서 일어서며 "경기 시간 다 됐어. 그만 들어가자"라고 말하고는 집 안으로 들어가려고 했다.

"잠깐만, 난 느긋하게 별을 보고 싶은데."

"안 돼!"

오렐리는 서둘러 집 안으로 들어가 버렸다. 오렐리의 태도에 약간 화가 났지만, 혼자 남겨지니 괜히 무서워져서 나도 서둘러 뒤따라 들어갔다. 경기가 시작되고 30분쯤

지나자 경기가 지루해지기 시작했다. 결국 오렐리는 일기를 쓰기 시작했고, 나는 책을 읽었다. 결정적 장면은 소리로도 알 수 있었다. 오렐리의 집은 강 근처여서 여름에는 모기가 많았다. 그래서 창을 열어 놓을 수가 없었다. 시골집이라 에어컨도 없었지만 애초에 프랑스의 여름은 그다지 덥지 않아서 에어컨까지는 필요 없었다. 텔레비전을 보던 2층 방의 창문은 닫혀 있었다. 낮에 비하면 더위는 한풀 꺾였지만, 그래도 실내 온도는 아직 높았다. 하지만 덥기는 해도 모기에게 물리는 것보다는 나았다. 그런데 갑자기 숨이 가빠졌다.

"창문 좀 열어도 될까? 환기를 좀 시켜야겠어. 숨쉬기가 힘들어."

"안 돼, 모기 들어와."

"5분만."

"알았어. 잠깐만 기다려. 벌레가 들어오지 못하게 할게."

오렐리는 방의 전등을 껐다.

"딱 5분이야!"

나는 창문으로 뛰어갔다.

"아, 시원해. 기분 좋다!"

마음껏 신선한 공기를 들이마시고 싶어서 창밖으로 몸을 내밀었다. 창문에서 정원을 바라보니 오른쪽에 차고가,

왼쪽에는 강이 있었다. 맞은편에 보이는 이웃집에는 프랑스인과 결혼한 폴란드인이 살고 있었고, 그 집 딸도 우리와 같은 고등학교에 다녔다.

그 순간 차고를 비추는 붉은빛이 보였다. 빛이 차고를 비추고 있어서 이상하다고 생각했다. '차고로 차가 들어가는 중인가? 아니, 나오는 중인가?' 후진하는 중이라면 하얀색 불빛이어야 하는데 빛은 빨간색이었다. 이상하다고 생각한 순간, 차고 전체와 정원이 붉은빛으로 뒤덮였다. 눈앞에 큰 나무 그림자가 생기고 주변은 불이 난 것처럼 붉게 빛나 나뭇가지 끝까지 선명하게 보였다. 나무 그림자가 왼쪽에서 오른쪽으로 천천히 움직였다. '잠깐만, 이 빛은 어디서 나오는 거지?' 단번에 알 수 있었다. 자동차 라이트가 아니다. 이건 UFO다!

방 안에 있던 오렐리를 돌아보고 말하려고 했지만, 목소리가 나오지 않았다. 머릿속이 백지장처럼 하얘졌다. 오렐리는 난처하다는 표정으로 두 손으로 귀를 막고 말했다. "뭐라고? 이명이 들려서 무슨 소린지 모르겠어!"

몇 초 뒤에 오렐리는 "꿈에서 본 UFO가 나타난 거야?"라며 창 쪽으로 달려왔다. 하지만 이미 붉은 빛은 사라지고 아무것도 보이지 않았다. 내가 본 것을 설명하려고 하자 다시 좀 전과 같은 현상이 일어났다. 정원 전체가 붉게 물들었다. 옆집 정원도, 또 그 옆집 정원도, 강 옆에 밭도, 순식간에 붉게 물들었다. 우리는 창문가에 서서 그 모습을 지켜봤다. 그리고 잠시 후 붉은빛이 사라졌다.

"지금 지붕 위에서 비친 거지?"

오렐리가 말했다.

"응, 그런 것 같아."

"밖에 나가서 보자."

"응!" 나는 혼자 있고 싶지 않아서 얼른 대답했다.

우리는 아래층으로 뛰어 내려갔다. 그때, 거실에 있던 디지털시계가 눈에 들어왔다. '00:44'라는 숫자가 붉게 빛나고 있었다(이 숫자는 그 뒤로 계속 보게 되었다. 그들이 보내는 사인으로). 정원으로 나가서 지붕을 올려다봤다. 하지만 아무것도 보이지 않았다. 너무 늦었나? 좀 전에 본 것이 마지막이었나 싶어 약간 아쉬운 마음이 들었다.

어느새 오렐리의 여동생도 밖으로 나와 있었다. "그게 뭐였어? 그 빛은 뭐야?"라며 계속 물었다.

"그냥 불꽃놀이였어."

오렐리가 대답했다.

"불꽃놀이? 아까 UFO라고 그랬잖아!"

"아니야. 불꽃놀이였어."

"엄마한테 다 말할 거야!"

오렐리의 동생은 계속 고집을 부렸다. 나는 그만 집으로 돌아왔다.

다음날 오렐리에게 그 후에 있었던 일에 대해 들었다. 부모님이 다음 날 아침에 집에 돌아오셔서 차고에 차를 넣고 정원을 가로질러 집으로 향하고 있을 때, 오렐리의 동생이 부모님에게 달려가 어젯밤에 있었던 일을 이야기했다.

"엄마, 어젯밤에 하늘에 UFO가 있었어."

그 순간 부모님 발에 무언가가 걸렸다.

"이게 뭐지?"

엄청난 힘으로 찌그러트린 것 같은 쇠 파이프였다. 어머니는 "어젯밤 봤다는 게 이거 아니니? 누군가 불꽃을 쏘아 올린 모양이구나"라고 말씀하셨다. 동생도 그걸 보고는 그제야 안심했다. 나중에 오렐리가 학교에 그 쇠 파이프를 가져왔고, 둘이 자세히 살펴보았지만 어디에 쓰는 물건인지 짐작조차 할 수 없었다. 정원 한가운데에 있었다고 했지만, UFO를 목격한 날 밤에 오렐리의 집 정원에 그런 물건은 없었다. 어떤 기계의 부품처럼 보이기도 했다. 하지만 아무리 봐도 가정집 정원에 떨어져 있을 물건으로 보이지 않았다. 다음 날 아침에 돌아오신 부모님의 관심을 돌리기 위해 그들이 놓고 간 걸까? 아니면 단순한 우연일까? 아무튼 오렐리의 동생도 그 뒤로 두 번 다시 UFO 이야기는 하지 않았다고 한다.

이 일에는 뒷이야기가 있다. UFO가 나타나고 3일 뒤에 일이다. 오렐리가 폴란드인이 사는 이웃집에서 빌린 큰 냄비를 돌려주러 갔을 때, 그 집 부인이 UFO를 목격한 날 밤의 이야기를 꺼냈다.

"3일 전에 그거 봤지?"

"무슨 말씀이세요?"

"봤잖아. 너희 집 바로 위에 있었는걸? 비행기처럼 하늘을 날고, 꼭 불이 난 것처럼 빨갛게 빛났잖아."

"무슨 말씀이신지?"

"내가 그날 밤에 방안이 새빨갛게 물들어서 잠에서 깼거든. 밖을 보니까 너랑 네 친구가 창문 앞에 서 있었고 너희 집 지붕 바로 위에 비행기 같은 게 있었어. 처음에는 작게 주황색으로 빛났는데 점점 커지면서 빨갛게 빛나더라. 그게 뭐였을까?"

"불꽃놀이 아니었을까요?"

"아니야. 꼭 비행기가 불타고 있는 것처럼 보였다니까. 불꽃처럼 붉게 빛나면서 계속 너희 집 위에 떠 있었어. 못 봤어?"

"붉은빛은 보였지만 지붕 위라서 보지 못했어요."

"그래? 마지막에는 주황빛을 내는 구슬처럼 변해서 디종 방향으로 날아 가버렸어. 엄청나게 빠른 속도로 말이야."

"그랬군요."

"신기하지? 신문을 찾아봤는데 비행기 화재가 있었다는 뉴스는 어디에도 없었어."

이야기를 나눈 뒤에 오렐리는 인사를 하고 집으로 돌아왔다. 불타는 비행기. 아무리 생각해봐도 일반적인 비행물체는 아니다. 사람은 초자연적 현상을 겪으면 지금까지 보고 들었던 상식 범위 안에 있는 비슷한 일에 끼워 맞추려한다. 하지만 결국 상식으로는 도저히 설명할 수 없다는 사실을 인정하고 만다. 이런 일은 그 뒤로도 셀 수 없이 일어났다.

00:44. 00시 44분을 의미하는 이 숫자는 그 뒤로 자주 보았다. 한밤중에 그들이 '방문'해 잠에서 깼을 때 비디오 플레이어의 시계를 보면 보통 이 시각이었다. 그즈음 UFO

와 외계인의 방문이라는 현상에 관해 어머니에게 이야기한 적이 있다. "일종의 종교적 현상이 아닐까?"라고 말씀하신 것으로 보아 어머니는 UFO와 외계인 이야기가 잘 와닿지 않는 모양이셨다. 하지만 이야기를 계속하다가 어머니가 여름이 되면 가끔 밤하늘을 비행하는 UFO를 본 적이 있다는 사실을 알았다. 밤하늘을 가로지르는 그 빛은 어머니에게 그저 눈을 즐겁게 해주는 잠깐의 아름다운 나이트 쇼였을 뿐이었다. 어머니는 "혹시 그게 UFO였을까?"라며 새삼 놀라셨다. 그렇다면 그들은 우리 가족 주변에 자주 나타났었다는 말인가?

짙어져 가는 존재감

'방문'의 양상은 계속 변해갔다. 잠들기 전이나 외계인의 존재가 느껴지는 동안 가끔 손이나 종아리 근육이 움직이는 현상이 나타나기 시작했다. 내 의지가 아니었다. 근육이 제멋대로 움직였다. 자는 동안 누군가가 발목을 붙잡아, 놀라서 벌떡 일어났던 적도 있다. 그들이 조금씩 내 몸에 접촉을 시도하는 것 같았다. 그럴 때는 제일 먼저 거부감이 느껴진다. 자신의 의지와 상관없이 멋대로 손발이 움직이는 모습을 지켜보는 일이 기분 좋을 리 없으니까. 보이지 않는 손이 발목을 잡고 있으면 도저히 영적인 체험이라는 생각은 들지 않는다. 그냥 괴롭힘일 뿐이다. 혹시 보이지 않는 세계의 존재를 증명하려고 이런 행동을 하는 거라면 한 번이면 충분했다. "알았어. 알았다고!" 그래서 그들을 향해 고함을 치기도 했다.

이러한 접촉 시도는 두세 달가량 계속되었다. 어느 날 방에서 일기를 쓰고 있었는데 누군가가 내 오른쪽 어깨에 손을 올렸다. 돌아보니 아무도 없었다. 그냥 무시하려고 했지만 2초도 지나지 않아 똑같은 일이 일어났다. 더는 모른 척할 용기가 없었던 나는 방에서 뛰쳐나갔다. 외계인인지, 유령인지는 모르지만 정말 지긋지긋했다. '제발 나 좀 내버려 둬.'

UFO를 목격한 이후 시작된 보이지 않는 관계는, 매일 밤 그들에게 관찰당하는 관계이기도 했다. 외부에서 내 모습을 지켜보는 것뿐만 아니라 마음속과 감정, 기분까지 전부 관찰당했다. 처음에는 사생활 침해라는 생각에 화도 났다. 하지만 시간이 흐를수록 나는 혼자가 아니라는 생각에 위안을 받았다. 그들의 존재가 익숙해졌다기보다 그들과 함께하는 삶이 즐거워지기 시작했고, 나와 그들의 생각이 합쳐지는 느낌이 들기 시작했다. 나 '혼자만의 생각'으로 살아가는 것이 아니라 그들의 생각과 융합된 '집합의식'을 형성하고, 그 집합의식에 맞춰 인생을 살아간다랄까. 참으로 신비한 느낌이었다. 그리고 이런 의식이 언젠가부터 마음을 안정시키고 치유하기도 했다.

부르고뉴의 마을들은 계절별로 포도밭이 다른 색으로 물들며 자연의 리듬에 맞춰 하루하루가 흘러간다. 며칠 머물다 가기에는 아름답고 조용한 마을이지만, 애석하게도 고등학생에게는 너무나도 지루한 곳이었다. 하지만 자극이라고는 찾아볼 수 없는 시골 생활에 지친 내 앞에 UFO와 외계인이 나타났고, 지겨울 정도로 지루했던 일상에 강렬한 충격을 주었다. 심한 공포심을 느끼기도 했지만, 한편으로 그들이 있다는 생각만으로 위안을 받기도 했다. 내 인생은 지금 눈앞에 보이는 풍경처럼 지루한 일상만은 아니라는 사실을 실감했다. 결국 이런 현상이 계속되면서 자극적인 UFO와 외계인에 완전히 매료된 나는 마음은 물론 시간까지 모두 빼앗겨 학교 공부나 친구, 일상생활에는 흥미를 잃어버렸다.

언젠가부터 낮보다 밤을 기다렸고, 아침에 눈을 뜨면 '빨리 집에 돌아가서 외계인을 만나고 싶다.'라는 생각을 하며 하루하루를 보냈다. 고등학생으로 생활하는 낮보다 밤에 겪는 외계인 현상이 나의 진짜 생활이었고, 삶의 만족감을 느끼게 했다.

그러던 어느 날 잠에서 깼을 때 그들이 묻는 말이 머릿속에 또렷하게 울렸다.

'혹시 우리가 오지 않으면 어떻게 할 건가?'

마음속에서 들린 내 대답은 이랬다.

'이 인생에 흥미가 없으니까 아마 자살하지 않을까?'

나는 자살이라는 말에 충격을 받았다. 그제야 내가 위태로운 상태에 있다는 걸 깨달았다. 그리고 그날 그들과 나누던 '집합의식'이 갑자기 사라졌다. 마치 전기가 끊어진 것처럼 그들의 존재감이 툭 하고 끊어져버렸다. 그들이 사라지자 나는 나의 토대를 잃어버린 것 같았다. 하지만 그때의 '이별'은 내 인생을 되찾기 위해 꼭 필요한 '이별'이었다.

한동안 그들은 나타나지 않았다. 하지만 몇 주 후에 갑자기 다시 그들의 존재감이 느껴졌고 집합의식이 이어졌다. 그 뒤로도 이런 현상은 수도 없이, 그리고 항상 갑자기 일어났다. '집합의식' 현상은 2년 정도 계속됐다. 이 의식의 융합이 훗날 내가 초자연의 세계에서 체험하는 '자기소멸'로 이어지는 첫걸음이었다.

어쨌든 그때부터, 다시는 정신적인 균형을 잃지 않도록 내 상태에도 항상 주의를 기울이게 되었다. 하지만 그 후

짙어져 가는 존재감

에도 나는 또 한 번 현실에 안착하지 못하고 균형을 잃어

버릴 뻔한 적이 있었다.

그들과의 교신

그즈음 고등학교에서 친해진 '소피'라는 친구가 영적 현상에 관심이 있다는 사실을 알았다. 오렐리는 구체적인 사고방식을 좋아하며 무조건 앞으로 나아가려는 성격으로, 전공은 경제학이었다. 반면 소피는 그와는 전혀 다른 개성을 가진 친구였다. 토론을 좋아하고 항상 자신의 상식을 먼저 의심했다. 직감적이고 예술적 감성이 뛰어났지만, 의외로 전공은 수학이었다. 소피와는 처음부터 이야기가 잘 통했다. 소피는 다양한 경험에 근거한 확고한 의견을 간결하게 전달하는 일에 뛰어난 친구였다. 그런데 소피와 친해지고 얼마 뒤에 지금까지 경험하지 못했던 현상이 일어났다.

나는 UFO나 외계인의 존재에 관해 다른 사람에게 섣불리 이야기하지 않았다. 그런 이야기를 하면 불쾌해하는 사람도 많았으니까. 물론 상대가 그런 분야의 이야기에 편견이 없는 사람이라면 괜찮았지만, 그런지 아닌지는 이야기를 나눠보기 전에는 알 수 없었다. 그래서 되도록 다른 사람들에게 말하지 않기로 했다. 그런데 소피와 이야기를 하다 보면 UFO 이야기를 하라는 압박이 느껴졌다. '소피에게 말해 봐!' 소리가 들렸다기보다는 그런 느낌을 받았고, 게다가 내 생각이 아니라 그들의 생각이었다. 처음에는 모른 척했다. 그러자 계속 그런 느낌이 전해졌고, 나중에는 머리가 핑핑 돌 정도로 '소피에게 우리 이야기를 해!'라고 강하게 압박해 왔다. 아침에 일어나면 '오늘은 잊지 말고 꼭 이야기해!'라는 메시지가, 소피와 함께 있으면 '지금이야!', '빨리 이야기해!'라는 메시지가 전해졌다.

어느 날 밤, 그들이 '방문'했을 때 집요하게 같은 메시지를 보내오기에 나는 이렇게 말했다.

"그런 이야기에 관심이 없는 사람도 있어. 그런 사람에게는 절대 이야기하고 싶지 않아. 이야기해도 괜찮다고 보장해준다면 이야기하겠어. 하지만 보장한다고 해도 이야기했다가 결국 불쾌해하면 다시는 당신들이 하는 말을 듣지 않을 거야. 정말 소피에게 이야기해도 괜찮다면 내일 아침에 다시 알려줘!"

　이야기해도 좋을지 말지는 그들의 확인을 받고 하겠다는 의미였고, 확실히 약속해달라는 부탁이었다. 나는 그 뒤로 계속 이런 방식을 취했고, 이 방식이 오랫동안 나와 외계인 사이에 존재하는 기본 규칙이 되었다. 외계인이나 UFO는 모든 사람이 받아들일 수 있는 이야기가 아니기에 아무에게나 함부로 이야기할 수 없다. 비판이나 차별을 당할 수도 있다. 따라서 내가 먼저 말을 꺼내지는 않는다. 하지만 그들이 괜찮다고 보장한 사람에게는 먼저 이야기를 꺼낸다.

　몇 년 뒤에 우연히 친해진 대학생과 외계인 이야기를 하고 싶어서 자기 전에 '내일 일어났을 때 그에게 말해도 될지 알려줘.'라고 부탁했더니 아침에 '하지 않는 것이 좋아.'라는 메시지를 받았다. 그래서 하지 않았다. 그리고 얼마 지나지 않아 그 학생이 정신적으로 불안정한 상태라는 사실을 알고 이야기하지 않아서 다행이라고 안도했던 적이 있었다. 소피의 경우도 아침에 눈을 뜬 순간, 목소리가 들렸다. '이야기해도 좋아.'라고 확답을 받았으니 나는 소피에게 말해보기로 했다.

　우선은 UFO 관측부터 시작해 외계인의 '방문'에 관해서도 이야기했다. '방문' 이야기는 소피도 상상조차 하지 못했던 일이라 어떻게 대답해야 할지 망설이는 눈치였다. "오늘은 여기까지 하자. 조금 생각해보고 다시 물어봐도 될까?" 그녀의 말에 나는 당분간은 이 이야기를 꺼내지 않아야겠다고 생각했다. 하지만 다음날 학교에서 소피가 "잠깐 얘기 좀 하자."라며 조용히 말했다.

"무슨 일이야?"

"어제 그런 이야기를 해선지 밤에 잠을 잘 수가 없었어. 왠지 누군가가 나를 지켜보고 있는 것 같아서. 기분이 너무 안 좋아서 밤새 불을 켜고 잤어."

"그랬구나."

"나도 외계인의 존재를 느낀 게 아닐까?"

소피와는 그렇게 시작했다.

나와 오렐리, 그리고 소피는 낮에는 보통 고등학생으로서 수업을 받고, 밤에는 외계인이라는 초자연적 현상을 탐구했다. 전에 UFO 사진을 보여준 클로드 씨와는 약간 거리를 두기 시작했다. UFO에 대한 그의 물질적 견해가 조금 지루해졌기 때문이었다.

외계인의 '방문'을 경험한 우리 셋은 자신의 경험과 생각을 서로 이야기했다. 동료가 생겨서 기뻤다. 혼자보다는 둘이, 둘보다는 셋이 재미있었다. 의문에 대한 답을 찾지는 못했지만, 서로의 경험을 공유하는 것만으로도 충분했다. 각자 다른 개성을 가진 우리는 현상을 대하는 방법은 달랐지만 적어도 서로에게 도움이 되었다. 소피는 나와 달리 상식보다 자신의 느낌을 더 믿었다.

소피의 집은 산속 마을이었다. 가끔 자전거로 산에서 내려와 우리 집에서 차를 마시곤 했다. 어느 날, 소피와 이야기를 하고 있는데 갑자기 소피가 눈을 감고 다른 목소리로 내 질문에 답하기 시작했다. "방금 뭐 한 거야?" 내가 묻자 소피는 그들에게 받은 느낌대로 대답한 것뿐이라고 했다.

"다시 한번 해볼까?" 소피가 제안했고, 그것이 '채널링channeling, 영적 교신'의 시작이었다. 채널링이란 질문자와 보이지 않는 상대, 그 상대의 말을 통역하는 사람(채널러)으로 구성된다. 내가 질문을 하고 그들이 무언가를 말해주면 소피가 통역해서 내게 전해주는 식이다. 우리는 그렇게 채널링을 시도하다가 점차 숙제는 내팽개치고 채널링 삼매경에 빠져버렸다.

외계인이 보내는 정보는 언어를 매개로 하지 않고 마음에서 마음으로 직접 흘러들어왔다. 마음에 귀를 기울여 정보를 이미지로 느낀다고나 할까. 그래서 '그들이 무슨 말

그들과의 교신

을 했는가'가 아니라 '무엇을 느꼈는가'의 문제였다. 하지만 소피는 그들을 느끼는 센서가 특별히 민감했고, 심지어 느낀 것을 바로 말로 바꿀 수 있어서 그들과 대화할 수 있었다. 다만 대화의 내용은 고등학생이 상상할 수 있는 범위를 넘지 못해 "화성에는 외계인이 있어?", "어느 행성에서 왔어?", "왜 모습을 나타내지 않아?"와 같은 단순한 질문이 많았다.

이런 대화가 기억이 난다.

"우리에게 원하는 게 뭐야?"

"너희들은 여러 그룹 중에 하나. 지금 여러 개의 그룹을 만들고 있는 중."

"그룹은 만들어서 뭐 하려고?"

"변화를 일으켜."

"그럼, 다른 그룹의 사람들과 만날 수 있어?"

"때가 되면 만날 거야."

"어느 행성에서 왔어?"라는 질문에는 "행성이라는 개념에서 벗어나 다양한 방면에서 온 개성 강한 존재들이 모여 있는 그룹."이라는 식의 대답이 돌아왔다. 어쩐지 이 대답의 의미를 알 것 같아서 안심했던 기억이 있다.

처음에는 그들에게 영적인 생각과 조언을 들을 수 있어서 마냥 기뻤다. 하지만 대화의 내용이 일상생활과 동떨어져 있어서 영적인 세계로 한 발 한 발 들어갈수록 정신을 더 바짝 차리고 현실 생활도 잘 꾸려나가야 했다. 하지만 이 사실을 나중에야 깨달았고, 당시에는 여기에 푹 빠져서 알지 못했다. 오렐리는 집안 사정으로 당분간 마을을 떠나 있던 때라 채널링에는 한 번도 참여하지 못했다. 돌아왔을 때 '채널링 놀이'에 흠뻑 빠져 있는 우리를 보고 적당히 하라고 한마디 했다. 오렐리의 충고가 없었다면 우리는 더 깊게 빠져들었을지도 모른다.

사실 어느샌가 우리는 현실에서 동떨어져 있었다. 채널링을 통해 외계인의 정보를 자세하고 빠르게 얻을 수 있다고 믿었던 우리는 아직 너무 어렸다. 그 후에 일단 채널링은 그만두었다. 당분간 UFO나 외계인 이야기도 하지 않기로 했다. 소피와 내게는 현실에 안착할 시간이 필요했다. 고등학교 졸업이 다가오고 있었고, 학생들은 모두 대학 입학시험 준비를 시작한 상태였다.

한 발, 한 발, 자신이 원하는 인생을 향해 책임감을 느끼며 나아가야 했다. 지금의 인생에 좀 더 집중해야 했다. 당시 우리에게는 그런 자세가 필요했다. 다행히도 대학 진학을 위한 입시 공부와 바로 이어진 대학 생활로 매일 신경

그들과의 교신

써야 할 일이 산더미처럼 쌓여 있어서 자신을 돌아볼 수
있는 좋은 시기가 되었다.

지금이라면 좋아!

프랑스 교육 제도에서는 고등학교 졸업시험인 '바칼로레아^{Baccalaureate}'가 대학입학 자격시험이기도 하다. 또한 고등학교는 경제사회 계열, 인문 계열, 과학 계열 중 하나의 전문 계열을 선택해 졸업해야 한다. 모두 좋은 성적을 받기 위해 최선을 다한다. 시험은 먼저 철학부터 시작한다. 특히나 철학 시험 문제는 국민의 관심이 높아 신문이나 텔레비전에서도 반드시 다룬다. 그해의 철학 문제는 '미美란?'이었다. 시험 시간은 두 시간. 네 페이지 정도의 분량으로 작성한다. 나 역시 주어진 주제에 관해 최대한 내 생각을 정리해서 다른 사람에게 잘 전달할 수 있도록 논문 형식으로 작성하려고 애를 썼다.

그렇게 우리는 고등학교를 졸업했다. 나와 오렐리는 경제사회 계열로 졸업했고, 오렐리는 회계전문대학을 나와 회계사가 되었다. 소피는 과학 계열 졸업시험에 두 번 도전했지만 통과하지 못했고, 결국 고등학교를 졸업하지 못한 상태로 스위스 국경 근처 마을로 이사를 갔다. 우리는 각자의 길을 걷기 시작했다.

대학에 들어가서 현실적인 시점으로 내 과거를 돌아보니 현실감이라고는 찾아볼 수 없을 만큼 막연했다. 다 꿈이었나 싶었다. 상상이 지나치게 커져서 결국 채널링에까지 손을 댔다는 생각이 들자 나는 UFO에 관한 내 경험을 논리의 가위로 잘게 조각내기 시작했다.

하지만 아무리 머리로 분석하고 논리적으로 설명하려고 해도, 상식적인 경험의 범주에 끼워 맞추려고 노력해도, 변함없이 그들의 '방문'은 이어졌다. 그들은 집요하게 내 관심을 끌려고 시도했다. 전에 없던 강렬한 파동을 내뿜으며 방 안을 걸어 다니거나, 현관에서 거센 파동과 함께 바로 내 방으로 들어온 적도 있다. 보이지 않는 그 존재들은 매일 밤 내 생활 공간에 침입했고, 그때마다 망상 때문이라고 아무리 자신을 타일러도 공포는 사라지지 않았다.

하지만 현실 세상에서 살기 위해 나는 대학교 2학년 때까지 그들의 존재를 모른 척하기로 했다. 무슨 일이 일어나든 무시하고 존재하지 않는다고 생각하기로 굳게 마음먹었다. 프랑스의 대학은 입학하기는 쉽지만 졸업하기는 어렵다. 1, 2학년 때는 진급시험이라는 좁은 문을 통과해야 해서 전공 불문 2학년으로 진급하는 사람은 전체의 40%, 3학년으로 올라가는 사람은 그중의 60%다. 3학년이 되면 겨우 한숨을 돌릴 수 있다. 그전까지는 오직 공부에만 매달리지 않으면 따라갈 수가 없다. 그래서 1, 2학년 때 나는 주말에도 외출하지 않고 매일 공부에 매진했다. 읽어야 할 책을 읽고 노트를 외우면서 오직 공부에만 집중한 나날을 보냈다. 재학 중이던 부르고뉴대학에서 파리 제5대학(소르본대학의 하나)으로 편입하고 싶어서였다. 그때도 외계인의 '방문'은 계속됐다. 하지만 모르는 척했다. 당시 일본의 와세다대학에서 프랑스 문학을 배우러 온 일본인 학생과 아파트에서 함께 살았는데, 그에게도 그런 이야기는 일절 하지 않았다.

어느 날 정오가 지났을 무렵, 주방에서 내 방으로 가려고 했을 때 갑자기 등 뒤에서 그들의 존재가 느껴졌다. 그리고 동시에 메시지가 전해졌다. '언제까지 모른 척할 생

지금이라면 좋아!

각인가?' 물론 주위를 둘러봐도 아무도 없었다. 하지만 분명 가까이 있었다. 계속 모른 척하고 있었는데도 메시지가 또렷하게 전해졌다. 이때 나는 그들의 마음을 있는 그대로 받아들였다. 그리고 그들에게 이렇게 말했다. '지금은 대학 공부에 집중하고 싶어. 좋은 성적을 받아서 소르본대학으로 편입하고 싶거든. 그러니까 조금만 기다려줘.' 이때가 그들과 마음을 주고받았던 최초의 교류였을지도 모른다. 그 순간에는 그들이 찾아와주고, 끈질기게 나와 의사소통을 하려고 노력한다는 사실이 기쁘기까지 했다.

내 마음이 통했는지 그들은 조금씩 멀어져 나와 거리를 두기 시작했다. 그렇다고 해서 전혀 '방문'하지 않았던 것은 아니다. 대학 공부가 가장 중요했던 이 시기에 그들은 또 다른 형태로 내게 '방문'했다.

어느 날 밤에 묘한 기분이 들어 눈을 떴다. 내가 내 몸 안에 들어가 마치 장갑에 손을 넣듯이 몸 안의 장기와 혈관을 만지는 느낌이 들었다. 몸 안을 느낀 건 처음이어서 기분이 좋지 않았다. 너무 생생해서 불쾌했다. 그때 내 다리 쪽에 서 있는 그들의 존재가 느껴졌다. 이 체험의 의미는 무엇이었을까? 전에 그들이 '방문'했을 때 내가 내 얼굴을 바라본 적이 있었다.

그들이 찾아왔을 때 내 영혼이 몸 밖으로 나왔던 것인지, 아니면 단순히 꿈이었는지 아무리 생각해도 판단할 수 없었다. 하지만 이때의 체험은 그때보다 더 현실감이 있었고, 몸에 감촉이 남았다. 그들의 접근 방법이 한 단계 발전한 걸까? 나는 그저 혼란스럽기만 했다. 하지만 그런 상황에서도 어떻게든 시험을 준비해야 한다는 사실은 잊지 않았다. 학기가 끝나고 바라고 바라던 소르본대학 편입에 성공했다. 디종에서의 노력이 결국 결실을 맺어 드디어 큰 압박에서 벗어날 수 있었다. 가슴이 두근거렸다.

나는 디종에서 살던 아파트를 정리하고 당분간 파리 교외에 사는 형의 집에서 함께 살기로 했다. 형은 파리에서 가까운 조경(공원이나 공공녹지 정비) 회사에서 일하고 있었는데, 그곳에서 두 달간 아르바이트를 하다가 8월 말쯤 파리 시내에 아파트를 빌려서 소르본대학에 다닐 생각이었다.

그런데 형 집에서 사는 동안 외계인의 '방문'은 '방문'의 차원을 넘어선 현상으로 변해갔다. 그 현상이 도대체 무엇이었는지 이해하는 데에도 몇 년이 걸렸다. 체험한 일과 일어난 현상을 낱낱이 분석하고 이해해서 언어로 표현하는 과정이 필요했기 때문이었다.

지금이라면 좋아!

그해 여름은 정말 딱 좋은 시기였다. 디종에서 공부에 집중하던 시기가 끝나고 아직 다음 단계가 시작되지 않은 어중간한 공백기였으니까. 마음에 여유도 생겼다. 내 영혼이 우주를 향해 '지금이라면 좋아!'라고 외쳤는지도 모르겠다.

.

3장

내 안의 우주

파동과 공명하다

2004년 6월, 파리에서 형과 함께 살기 시작했다. 이 일을 계기로 외계인과의 관계도 새로운 국면을 맞이했다. 여기에는 형의 존재가 큰 영향을 미쳤다. 그해 여름 외계인과 형, 그리고 나 사이의 대화가 시작됐다. 언어를 사용할 때도 있었지만, 언어를 사용하지 않고 전해진 정보도 많았다. 그리고 또 다른 '나'가 탄생했다.

형은 호탕한 성격에 긍정적인 사람이다. 형의 책장에는 프랑스 철학에서부터 성서, 인도의 베다 철학(고대 인도의 종교 지식과 제례 규정을 담은 문헌-역주)에 이르기까지 다양한 책이 꽂혀 있었고, 영적인 현상에도 관심이 많았다. 어떤 일에도 편견을 갖지 않고 열린 마음으로 들어주어서 형에게는 마음 놓고 무슨 이야기든 할 수 있었다. 그래서 UFO를 목격한 경험과 외계인의 '방문'에 관한 일도 벌써 몇 년 전에 이미 털어놓았다.

"가끔 외계인이 집에 와. 그러면 집에서 그들의 존재감이 느껴지고 어두운 곳이 무서워져." 내가 이렇게 말했을 때도 형은 부정적인 말은 전혀 하지 않았다.

결국 나와 함께 살면서 형도 같은 경험을 하게 되었다. 형과 함께 살기 시작하자 그들의 '방문'이 잦아졌다. 영적인 주제를 두고 편하게 이야기하게 되면서 '방문' 횟수가 늘어났던 것 같다. 그뿐만이 아니었다. 최근 몇 년간 멀어져 있던 그들과의 '집합의식' 현상이 UFO를 처음 보았을 때와 똑같이 다시 강렬해졌다. 게다가 이번에는 형과 함께 '집합의식'을 체험하면서 시너지 효과가 발생해 한층 더 깊게 발전시킬 수 있었다.

그들은 매일 밤 '방문'했다. 집에 들어선 순간 피부로 느낄 수 있을 정도로 파동이 강해졌다. 그리고 매일 같은 현상이 반복적으로 일어났다. 그들은 저녁때쯤 찾아왔고 밤에 몸에서 빠져나온 나는 어디론가 날아갔다. 아침에 일어나면 단편적인 기억들만 남아 있었다. 형과 서로 이야기하면서 형이 기억하는 부분과 내 기억의 단편을 퍼즐 맞추듯

파동과 공명하다

이 이어나갔다. 우리는 서로의 기억을 더듬어가면서 함께 영적인 지식을 조금씩 쌓아갔다.

나선형 구조를 만들어 가듯이 우리가 배운 지식과 파동이 서로 얽혀 서서히 파동을 느끼는 감수성을 높였다. 어느새 그들의 파동을 분명히 느낄 수 있었고, 직장에서 함께 일하는 동료의 에너지까지 볼 수 있게 되었다. 에너지를 통해 얻는 정보는 다양했다. 그 사람의 정신 상태, 건강 상태, 또한 마음속으로 생각하는 것까지 보였다. 서로 거리가 1m 50cm 이하로 가까워지면 서로의 에너지가 간섭을 일으켜 사람에 따라서 가까이 가고 싶지 않은 사람도 있고, 마음이 편한 사람도 있었다.

형과 함께 지낸 그해 여름에 겪은 일들은 나를 많이 성장시켰다. 파동에 대한 감수성이 높아지자 음식이 내뿜는 파동도 보이거나 느껴졌다. 당시 나는 채식주의자여서 고기는 전혀 먹지 않았다. 생선이나 우유도 피했다. 열다섯 살 때 축산동물을 처리하는 장면을 텔레비전에서 본 이후 반감이 생겨 육식을 거부하기 시작했다. 그러다 영적인 이유까지 더해져 그 이후로 계속 채식을 해왔다. 스무 살에 한동안 고기를 먹어도 봤지만 역시나 잘 맞지 않아서 다시 채식으로 돌아왔다.

형과 함께 살 때 일을 마치고 돌아와서 저녁을 준비하는 일은 거의 내 담당이었다. 매일 밤 식탁에는 채소 요리만 올라왔지만, 형은 고기는 밖에서 먹으니까 상관없다며 별로 신경 쓰지 않았다.

그러다 그들의 '방문' 횟수가 늘어나면서 파동이 강해졌고, 음식이 내뿜는 파동이 보이기 시작했다. '보인다'라고 했지만 육안으로 직접 보인다는 의미는 아니고, 우리가 피부로 햇빛을 느끼듯이 그렇게 보였다. 외계인의 존재를 느끼는 것과 같은 식이다. 신선한 채소와 과일은 밝고, 고기는 무겁고 어두웠다. 사람은 채소와 과일을 먹으며 그것의 밝은 파동을 흡수하는 것처럼 보였다. 결국 형도 점점 고기를 멀리하게 되었고, 점심도 가능한 한 채식을 하려고 했다.

그 느낌을 떠올리면 지금도 생생하게 되살아난다. 파동이 강해지면 몸으로 느낄 수 있는 대상도 달라진다. 그때 신선한 채소와 과일을 먹으면 전에는 느끼지 못했던 만족감이 몸 안에 차올랐다. 단순한 만족감이 아니다. 주체할 수 없는 쾌감에 가까운 느낌이었다. 조리 방법과 재료는 똑같은데 어째서 다를까 신기하기도 했지만, 이 느낌은 음식의 맛이 아니라 파동의 맛이었다. 형도 나와 마찬가지로 지금까지와는 다른 만족감을 경험한 듯했다.

그때부터 저녁 식탁에는 늘 채소와 과일이 올라왔다. 모두 그대로 샐러드로 먹었다. 형은 고기를 먹은 날에는 몸이 무거워져서 집안을 가득 채운 강한 파동과 몸의 파동이 공명을 일으키지 못했다. 즉 몸이 강한 파동과 공명을 일으키면 서서히 고기를 거부하게 되고, 나중에는 모든 동물성 식품에 입을 대지 않게 된다.

이 체험이 어디까지 나아갈지 예측도 불가능했지만, 우리는 그저 관찰자 입장에서 체험을 있는 그대로 받아들이고 즐기려고 했다. 고기를 먹으면 어떻게 되는지, 먹지 않으면 어떻게 되는지, 파동과 몸의 반응을 알 수 있는 소중한 체험이었다.

파동은 자동으로 그 장소의 파동과 공명하려고 한다. 이 사실이 외계인과의 소통에서 특히 중요한 요인이었다.

나는 누구인가

　형과 함께 사는 동안 매일 집의 파동이 강해지는 느낌을 받았다. 이 현상은 형 집에 들어온 첫 주부터 바로 시작되었다. 그리고 파동이 강해지면서 외계인의 생각이나 그들이 하고 싶은 말이 들리기 시작했다. '들린다'라고 했지만, 물리적인 소리는 아니고 파동을 타고 정보가 마음속에 전해질 뿐이다. 나는 이것이 채널링의 1단계라고 생각했다.

　파동이 강했던 어느 날 밤에 형의 질문에 대한 그들의 답이 처음으로 들렸다. 그들은 가까이 다가와 나를 매개로 형의 질문에 대답했다. 마치 정보를 포함한 에너지가 머릿속으로 들어와 생각과 말로 바뀌는 느낌이었다.

　그런 체험은 처음이었다. 생각이 포함된 에너지를 몸 전체로 느꼈다. 나의 내면이 일시적으로 다른 사람의 내면과 결합하는 듯한 느낌이 재미있었다. 내부의 공간이 갑자기 넓어진 것처럼 가슴이 두근거렸다. 단순히 대답이 들렸다는 차원의 문제가 아니었다. 한순간 누군가의 마음과 완전히 하나가 된 느낌. 그런 느낌은 상상해본 적도 없었고, 이런 일이 일어날 거라고는 생각지도 못했다.

이미 이야기했듯이 나는 UFO를 목격한 직후부터 파동이라는 현상을 체험하게 되었고, 파동으로 외계인의 존재를 느꼈다. 그리고 그들이 파동을 자유자재로 조절한다는 사실을 알아차린 후부터 혹시 그들이 나를 가지고 노는 것은 아닐까 자주 생각했다. 하지만 점차 그들이 나에게 무언가를 가르쳐주려고 한다는 걸 알게 되었다. '파동'이 변하면 그에 따라 '정보'의 양과 질도 변한다는 사실을 깨달았기 때문이다. 파동이 강해지면 물질적인 차원을 초월한 정보에 쉽게 닿을 수 있었고, 파동이 원래대로 돌아오면 정보의 문이 닫혔다.

강한 파동이 전해주는 정보는 대용량 3D 영상 데이터가 직접 가슴 속으로 훅 들어오는 느낌이었다. 정보량이 압도적으로 많아서 그 정보를 뇌로 해석해서 노트에 옮겨 적는 데 상당한 시간이 걸렸다. 어차피 논리적으로 분석할 수 있는 정보도 아니라서 그저 단순히 마음속에 들어온 입체 영상을 평면에 옮기는 작업일 뿐이었다.

파동이 공명을 일으키면 외계인의 존재가 확실하게 느껴졌고, 그들이 보고 있는 것, 생각하는 것, 듣는 것을 나도 동시에 느낄 수 있었다. 처음에는 너무 무서웠다. 다른 사람이 내 머릿속에 들어온 것 같았다. 마치 타인과 나의 경계가 사라진 느낌이었다. 고작 열아홉 살이던 내가 감당하기에는 너무 강렬한 느낌이었다.

돌이켜 생각해보면 그때 나는 '나는 무엇인가?', '도대체 나라는 존재는 누구인가?'라는 질문의 답을 찾던 시기였다. 자아가 확립되기 전 단계로 '나는 누구인가?'라는 정체성이 정확히 서지 않아 불안정했던 시기였다.

외계인이 그 시기에 나를 자주 찾아왔던 이유가 거기에 있었다. 그들은 어른이 되어 가치관이 명확하게 굳어지기 전에 보이지 않는 세계를 체험하지 않으면 파동을 느끼는 일이 점점 어려워진다는 사실을 알고 있었다. '지금 감각을 열어서 세상도 자기 자신도 이렇게 풍요롭고 아름다운 존재라는 사실을 몸을 통해 느껴봐. 그러면 지구에서 사는 의미와 경험의 폭이 훨씬 넓어질 거야.' 그들은 내게 이런 사실을 가르쳐주고 싶었는지도 모른다.

'파동'을 느끼기 시작하면 곧 파동과 함께 사람과 장소에 관한 정보가 흘러들어온다. 사람에 관한 정보는 주로 영혼에 관한 정보이고, 장소 정보는 과거에 있었던 일의 흔적이었다. 예를 들어 부부가 거실에서 다퉜다고 하자. 그러면 거실에는 싸움의 파동이 남고, 다음 날 두 사람이 다시 거실에 갔을 때 그 파동의 영향으로 또 다툴 수도 있다.

실제로 어느 지인의 집을 방문했을 때 집에 남아 있는 싸움의 파동을 느끼고 긴장한 적이 있다. 반대로 온화한 에너지가 남아 있는 장소에 가면 그 영향으로 내 마음도 편안해진다. 이것이 파동의 가장 중요한 작용이다.

파동은 주위와 조화를 이루려고 한다. 사람은 자연스럽게 주변 공간이나 곁에 있는 사람과 같은 파장을 내보내려고 한다. 그래서 외계인이 찾아와 그 공간의 파동이 강해지면 그곳에 있던 내 파동도 필연적으로 강해진다. 파동은 몸으로 느낀다. 뇌나 머리가 아니라 몸 전체로 느낀다. 눈을 감아도 모른 척하려고 해도 몸이 느껴버린다.

나는 1997년 이후 그들의 훈련을 통해서 파동을 느끼는 능력을 얻었다. 물론 처음에는 부정했다. '망상이겠지.' '피곤해서 그런지도 몰라.' 내 논리적인 사고능력은 이 현상에 맹렬히 반발하며 받아들이려고 하지 않았다. 하지만 아무리 거세게 반발해도 계속해서 정보가 밀려 들어왔고, 그 방대한 정보량에 결국 무릎을 꿇을 수밖에 없었다. 도저히 저항할 수 있는 양이 아니었다. 그리고 어차피 판단도 할 수 없었다. 이럴 바에야 차라리 그냥 받아들이자고 마음먹었다.

'파동'에 집중하고 느끼면 정보는 계속해서 들어왔다. 그 정보는 외계인, 죽은 사람의 영혼, 지도령^{Spirit Guide}, 자신의 영혼이 보내왔고, 또는 우주 자체가 보내기도 했다. 그중에서는 지도령의 메시지가 그나마 논리적이어서 말로 바꾸기 편했고, 우주에서 보내는 정보는 옮겨 적는 데 상당한 시간이 걸렸다. 뭐라고 설명해야 좋을지 모르겠지만 외계인이 보내는 정보는 맛이 달랐다. 입안에서 느껴지는 맛이 다른 정보와 달랐다. 그리고 그들이 보내준 정보는 양이 많은 것에 비해 지구의 일상생활에 도움이 될 만한 것은 별로 없었다.

존재하는 모든 것은 '파동'이다

그해 여름에는 외계인과의 소통도 갑자기 활발해졌다. 이때의 소통은 채널링보다 더 섬세한 형태로 나와 형의 일상생활을 비집고 들어왔다. 항상 그들과 함께 있는 느낌이랄까? 의식이 하나로 이어진 듯한 '집합의식'이 몇 년 만에 되살아났고, 게다가 형과 함께하면서 생긴 시너지 효과로 한층 더 심오한 체험을 할 수 있었다. 당시에는 그저 막연한 느낌이라 잘 몰랐지만 그들은 의식에 관한 고도의 지식을 가지고 있었고, 그들과 우리의 의식 사이에 파동으로 이어진 인연을 만들어 둔 것 같았다.

잠을 자거나 아침에 깨어났을 때, 또는 다른 사람과 이야기하고 있을 때 등 생활 전반의 다양한 순간에 단편적으로 몰래 숨어들어와 마음속에서 말을 걸었다. 궁금했던 일의 답이 갑자기 떠오르거나 반성하고 있던 일에 대한 피드백을 주기도 했다. 외계인은 한 명이 아니라 두세 명의 동료가 있었고, 때에 따라서 바뀌기도 했다. 밤낮을 가리지 않고 거의 매일 24시간 적당한 거리를 유지하며 항상 옆에 있는 상태이다 보니 그들의 영향을 받지 않을 수 없었다. 마치 내 인생을 누군가와 함께 걷고 있는 것 같았다. 다만 그 '누군가'가 나보다 훨씬 넓은 관점을 가진 존재라는 생각에 안도감이 들었다.

대화의 주제는 시간, 음식, 자연, 식물, 신앙, 파동, 감각 등 여러 분야에 걸쳐 있었다. 쉽게 설명하자면 우선 그들이 큰 주제를 던진다. 그리고 우리는 그 주제에 관해 생각해서 질문한다. 그러면 그들은 말이 아니라 파동을 통해서 우리가 질문의 답을 느낄 수 있도록 한다.

낮에 그들과 소통하다 보면 의식의 관점이 바뀌는 일도 있었다. 지금까지는 이렇게 보였던 '현실'이 갑자기 다른 방향에서 보였다. 사고방식의 일시적인 변화라고 볼 수 있었다. 이는 관점의 폭을 넓혀 우주의 세계에 더 가까이 다가가기 위함이었다. 특히 지구의 관점에서 본 현실을 자주 경험했다. 관점이 인간의 눈이 아니라 지구의 눈으로 바뀐

존재하는 모든 것은 '파동'이다

다. 예를 들면 눈앞에 우뚝 솟아 있는 거대한 건물이 관점이 바뀌면 전혀 다른 풍경으로 변한다. 우주의 작용과 조화를 이루지 못하는 부자연스러운 건축물의 존재를 어머니인 지구가 넘치는 사랑으로 감싸고 있는 모습이다. 건물은 생기 없는 허영심의 상징으로밖에 보이지 않는다. 짧은 시간이지만 관점의 변화를 경험하면서 나는 많은 깨달음을 얻었다.

밤에는 지금까지와 마찬가지로 '방문'의 형태로 찾아와서 더 강하게 자신들의 존재를 드러냈다. 꿈속에 들어오기도 하고 꿈을 꾸면서 동시에 대화하기도 했다. 쉽게 말해 꿈을 꾸면서 뒤에서 그들과 꿈과 관계없는 이야기를 했다.

이 일을 경험하고 나서부터 뇌와 영혼을 구별해야겠다고 생각했다. 그들과의 소통은 뇌를 통하지 않고 더 깊은 곳에 있는 영혼을 통해 직접 이루어지는 것 같았다. 어떤 주제든 그들은 파동을 통해서 내 감각이 더 예민해지길 원했다. 그들은 뇌로 현실을 완벽하게 이해하는 것보다 감각을 통해 현실의 풍요로움을 깊게 맛보는 것이 훨씬 중요하다고 했다.

삶이 끝나고 영혼이 몸 밖으로 나올 때 뇌에 채운 지식과 지혜는 세포와 함께 사라진다. 따라서 육체의 한계를 초월한 '영혼'이라는 매체로 인생을 채우며 살아가는 편이 훨씬 이치에 맞다. 그래서인지 그들의 접근은 확실히 '영혼의 성장'에 초점이 맞춰져 있었다. 그리고 그 시기에 했던 경험들은 앞으로 나아가기 위한 준비이기도 했다.

외계인과는 언어를 사용하지 않고 파동, 이미지, 감각, 의미로 정보를 느끼는 형태의 소통을 했다. 예를 들어 그날의 주제가 음식의 파동이라면, 이미지와 함께 파동이 전해진다. 지구의 자연환경 리듬에 맞는 음식의 파동은 생동감이 넘쳐 몸에 영양과 긍정적인 영향을 듬뿍 안겨준다. 반대로 지구의 자연에 반하는 리듬으로 재배된 채소나 사육된 동물의 고기는 파동이 어둡고 몸과 정신에 질병을 초래한다. 좋은 파동을 가진 음식과 좋지 않은 파동을 가진 음식을 스스로 느낄 수 있도록 체험하게 하는 것이 그들의 전달 방식이었다. 좋지 않은 파동을 가진 고기는 그 동물이 얼마나 험한 일을 당했는지 파동을 통해 체험했다. 그들은 아무 말도 하지 않고 그저 내가 스스로 느낄 수 있도록 했다. "그럼 고기는 먹지 말라는 말이야?" 내가 이렇게 물으면 '지금 느낀 파동의 관점에서 음식의 현실을 생각해보고 스스로 무엇을 먹을 것인지 책임지고 선택해야 한

존재하는 모든 것은 '파동'이다

다.'라는 답이 돌아왔다.

그들은 나와 소통하면서 일관되게 '주체성'과 '책임'을 강조했다. 인생에서는 스스로 책임지고 선택한 답이 바로 정답이다. 누군가의 답을 기다리지 말고 스스로 답을 찾아야 한다. 누군가 길을 정해주기를 기다리지 말고 스스로 선택하고 걸어 나가야 한다.

이런 일도 있었다. 이유는 모르겠지만 그들은 식물에 깊은 존경심을 가지고 있었다. 그런 모습을 여러 번 보여주었다. 내가 아르바이트로 잡초 제거와 조경 디자인 일을 했을 때의 일이다. 여기서 포인트는 이 일이 식물을 인간이 원하는 대로 정리하는 작업이라는 점이다.

식물은 인간이 출현하기 훨씬 이전부터 지구상에 존재했다. 식물 전에는 해조류가 있었다. 식물과 해조류가 수억 년이라는 시간에 걸쳐 지구 환경을 조금씩 바꿔왔다는 사실을 인간은 너무나 쉽게 잊어버린다. 우리가 매초 들이마시는 산소는 식물이 만들어내는 과학의 하나다. 우리 입에 들어가는 음식도 기원을 거슬러 올라가면 모두 식물에서 유래했다. 발밑에 있는 흙조차 마른 식물을 미생물과 지렁이가 먹고 분해해서 쌓아온 결과물이다. 만약 새로운 지구를 만들려고 한다면 제일 먼저 식물의 씨앗부터 심을 것이다. 굳이 예를 들자면 식물은 지구 환경 재생을 위한 최첨단 시스템이라 해도 과언이 아니다.

파동에 민감해지면 식물이 내뿜는 생생하고 신선한 파동에 큰 위안을 얻는다. 그래서 외계인이 나타나면 자연스럽게 식물에 가까이 가게 되었다. 어느 날 지구 상공에 높이 떠서 어딘가의 숲을 보게 된 적이 있다. 내 옆으로 두 명의 외계인의 존재가 느껴졌다. 아래를 내려다보니 작은 비행기가 숲 위를 날아다니며 무언가를 뿌리기 시작했다. 화학물질이라는 걸 바로 알 수 있었다.

그들이 내게 속삭였다. '식물의 입장에서 잘 관찰해봐.' 다음 순간 나는 식물의 시점이 되었다. 뿌려진 것은 제초제였다. 식물이 된 나는 심한 고통을 느꼈다. 화학물질을 살포한 인간에게 심한 분노를 느꼈지만, 옆에 있던 그들은 '분노할 필요 없다. 그냥 관찰하고 이 체험을 통해 배워라.'라고 말했다. 나는 제초제를 뒤집어쓴 식물이 어떤 고통을 느끼는지, 그리고 우리 인간이 자연환경에 얼마나 몹쓸 짓을 하고 있는지 몸소 체험했다.

상대의 고통을 느끼자, 그 후로 고통을 유발하는 행동을 하기 전에 한 번 더 생각하게 되었다. 이것이 그들의 소통법이다. 주제별로 파동을 체험하면 세상을 보는 견해가 바

존재하는 모든 것은 '파동'이다

낀다. 그리고 이 과정에서 의식의 폭이 조금씩 넓어진다. 생각해보면 한 사회에 변화를 일으키기에 좋은 방법인 것 같기도 하다.

빛, 물질, 의식. 우주에 존재하는 모든 것이 파동이니까.

기억의 껍데기

　매일 외계인이 '방문'했고, 매일 밤 '파동'이 강해졌다. 집 전체가 강한 파동에 휩싸였고, 다음 날 아침이 되면 밤새 다양한 체험을 한 탓에 지쳐 일어나기가 힘들었다. 처음에는 나도 형도 아침에 깨어나면 밤에 무슨 일이 있었는지 기억하지 못했다. 자면서 꾼 꿈이 깨어나면 하나도 기억나지 않듯이, 분명 무슨 일을 겪었지만 그것이 무엇이었는지는 기억나지 않았다.

　밤에 외계인이 나타나고 난 뒤에 도대체 내게 무슨 일이 일어났던 걸까? 그때 떠오른 생각이 '유체이탈'이었다. 고등학생 시절 내가 한밤중에 유체이탈을 했었는지는 정확히 모른다. 하지만 어머니는 가끔 내가 밤중에 누군가와 함께 방에서 나가는 기척을 느끼셨다고 하셨다. 내 몸은 침대에 그대로 있었으니 어머니가 느낀 인기척은 아마도 내 영혼이었을 것이다. 나는 몸은 그 자리에 남겨두고 영혼만 외계인을 따라갔다. 잠이 든 내 얼굴을 보았던 기억, 내 몸으로 다시 들어가는 느낌, 눈을 감고 있어도 보이는 풍경과 사건들, 단편적으로 남겨진 기억을 이어보니 유체이탈이 가장 타당한 추론일 듯싶었다.

미국에서 자주 일어나는 외계인 납치와는 달리 나는 영혼만 어디론가 향했다. 납치당하는 것보다야 훨씬 나았다. 아마도 외계인이 찾아오는 목적이 다른 모양이다. 정신에 변화를 주고 싶은지, 인간의 신체 정보를 연구하고 싶은지에 따라 접근 방법이 다른 것이라 생각했다.

하지만 기억이 전혀 나지 않아서 곤란했다. 어렴풋이 남은 단편적인 기억을 이어보았지만, 의미를 알 수 없었다. 전체 모습을 그릴 수가 없었다. 잠을 자는 동안 무슨 일이 일어났는지, 무슨 체험을 했는지 전혀 알 수가 없었다.

1997년부터 2004년까지 체험한 일과 마음에 떠오른 기억 대부분은 일기에 적어두었다. 하지만 그 기록도 그들이 '방문'한 다음 날 아침에 일어났을 때 남아 있던 기억이 아니라 낮에 무작위로 떠오른 영상이었다. 샤워 중이나 버스에 타고 있을 때 문뜩문뜩 떠올랐다. 처음에는 그들이 기억나지 않도록 만든다고 믿었다. 그래서 체험을 해도 기억나지 않으면 아무 소용이 없다고 몇 번이나 반발했다.

그러던 어느 날이었다. 그들이 '방문'하고 다음 날 아침에 눈을 떴을 때 역시나 아무것도 기억나지 않았다. 하지만 대신 그들이 가까이 있는 것이 느껴졌다. 나는 "기억이 하나도 나지 않는데 이게 도대체 무슨 의미가 있느냐?"고 직접 따지듯이 물었다. 몇 분을 기다려도 대답이 없었다. 괜히 화가 치밀었고 그들의 방식에 강한 거부감이 생겨 화를 담아서 메시지를 보냈다.

'이제 더는 협조하지 않을 거야. 너희들이 지운 내 기억을 모두 돌려줘!'

그러자 신기한 일이 일어났다. 푸르스름한 금속, 그것도 젤리가 섞인 것처럼 유연성 있는 금속이 갑자기 눈앞에 나타났다. 10cm 정도 길이의 작은 봉이었는데 하늘색으로 빛났다. 그 봉은 내 앞 60cm 거리까지 다가오더니 돌연 두 개로 나뉘었다. 그 순간 나는 기절했다. 한 시간 후에 다시 눈을 떴을 때는 이미 화가 모두 수그러든 상태였다. 화를 냈다는 사실도 잊어버리고 그냥 일어나서 평소처럼 하루를 시작했다.

기억의 껍데기

내가 기절했을 때 무슨 일이 있었던 걸까? 내가 알 수 있었던 건 그들을 향한 반발과 화가 깨끗이 사라졌다는 사실뿐이었다. 그때 그 푸르스름한 젤리 상태의 금속 봉은 사람의 감정과 화를 다스리는 물건인지도 모르겠다. 여담이지만 몇 년 뒤에 나와 똑같이 푸르스름한 젤리 상태의 금속을 보았다는 여성을 만났다. 다만 그녀가 본 금속은 옆에서 자고 있던 동생이 깨지 않도록 하는 용도로 쓰였다고 한다.

그들의 '방문'이 있었던 다음 날 아침에 사라지지 않는 기억의 단편에는 두 가지 종류가 있었다. 하나는 어딘지 모르는 장소에서 펼쳐지는 의미불명의 동작이나 지구에는 존재하지 않는, 예를 들면 최첨단 기술이나 UFO의 엔진 같은 물건을 보고 있는 장면, 또는 많은 사람이 모여 있는 장소에 있는 기억 등이다. 다른 한 종류의 기억은 사건의 내용은 없고 겉모양만 기억에 남았다. 그래서 우리는 그런 기억을 '기억의 껍데기'라고 불렀다.

한밤중에 외계인과 대화를 나누거나 그들이 나를 어디론가 데리고 간다는 사실은 알지만, 무엇을 체험했는지 자체는 아무것도 기억하지 못했다. 그저 경험을 계기로 일어난 마음의 동요와 변화, 깨달음이나 발상, 새로운 결의, 그들에 대한 배려만이 남았다. 구체적인 내용과 사건은 떠오르지 않았다. 형도 나와 마찬가지인 듯했다.

어느 날 아침에 일어나자 형이 말했다.

"어젯밤 그들에게 왜 왔는지 물어봤어."

"대답해줬어?"

"응, 대답해줬어. 긴 대답이었다는 기억이 있어. 하지만 내용은 기억이 안 나. 마음이 놓였고 이해도 해서 이제 걱정은 하지 않지만…."

형은 결론에 도달한 듯했지만 나는 아직도 불만이었다.

그래서 내용이 없는 '껍데기'만 남는 이유에 대해서 몇 가지 추측을 해보았다.

첫째, 외계인들이 우리의 기억을 차단한다. 이유는 우리의 정신적 균형을 무너뜨리지 않기 위해서다. 우리의 뇌로는 그들의 행동을 이해할 수 없기 때문이다. 모르는 게 약이라는 말도 있지 않은가. 어쩌면 이해할 수 없는 일에 대한 우리의 반응이 그들의 계획에 방해가 되기 때문인지도 모른다.

둘째, 우리가 스스로 기억을 차단한다. 자기 보호 본능에 따라 일시적으로 자신의 기억을 지울 가능성도 있다. 이는 충격적인 사건에 직면했을 때 외상 후 스트레스 장애PTSD를 막기 위해 인간이 취하는 방어 수단의 하나다.

기억의 껍데기

셋째, 영혼과의 접속이 아직 충분하지 않다.

내가 관찰한 결과, 인간의 기억매체는 다음의 세 가지다.

- 뇌: 기록할 수 있는 신체 기관
- 영혼: 몸을 제어하는 인간의 본질
- 육체: 뇌를 제외한 몸의 근육이나 세포

'뇌의 기억'은 저장되어 있는 한 언제라도 접속할 수 있다. 한편 '영혼의 기억'은 영혼과 명확한 소통 회로를 만들어두지 않으면 접속하기 어렵다('육체의 기억'은 충분한 경험치가 없어서 여기서는 언급하지 않겠다. 관심 있는 사람은 전문가의 책을 참고하기를 바란다). 외계인을 통해 내가 한 체험은 '뇌'가 아니라 '영혼'에 직접 기록되는 부류가 아닐까? 그래서 그들과의 관계나 일어났던 일들을 기억하려고 해도 할 수 없는 건 지도 모른다. 이 부분이 포인트다.

그래서 장엄한 분위기의 음악을 듣거나 감동이나 감사하는 마음으로 가득했던 광경을 떠올리는 등 그 일을 겪었을 때의 '감각'이나 '감정'을 떠올리면 영혼에 접근할 수 있었다. 이 방법을 통해 영혼에 접속하는 회로가 열리면서 외계인과의 기억도 자유롭게 떠올릴 수 있게 되었다.

또 하나의 '나'

앞에서도 언급했지만 UFO를 목격한 후로 나는 또 하나의 내가 있다는 사실을 깨달았다. 처음에는 기분 탓이라고 생각했지만, 외계인이 찾아오면 내 안의 어딘가에서 대화가 시작된다. 하지만 내면의 깊은 곳에 있는 '내'가 그들과 무슨 이야기를 하는지 지켜보려고 해도 일부밖에 보이지 않았다. 게다가 그 기억마저 금세 사라져버렸다. 양손으로 물고기를 잡았다고 생각한 순간 손에서 미끄러져 놓치는 그런 느낌이었다. 너무나 안타까웠다.

그들의 '방문'이 있는 날에는 우선 사전에 연락이 온다. '오늘 밤, 갈게.'라는 메시지를 받으면 내 머릿속 어디에선가 '잘됐다. 그렇지 않아도 물어보고 싶은 게 많아.'라는 목소리가 들린다. 나는 이런 대화를 제삼자 입장에서 관찰했다. 메시지의 발신인은 외계인이고 수신인은 나다. 그렇다면 '잘됐다.'라고 대답한 사람은 누굴까? 내가 분명하지만 내가 아니다. 지금 내 의식은 '안 돼. 오늘 밤은 편히 쉬고 싶어.'라고 생각할 때도 있으니까. 하지만 '물어보고 싶은 게 많다.'라고 대답한 사람도 분명 나였다. 내 안에 있는 또 하나의 나였다.

그들이 나타나면 '나'는 확실하게 둘로 나뉘었다. 첫 번째 '나'는 평소대로 일상생활을 하는 나, 지금 이 원고를 쓰는 나다. 또 하나의 '나'는 내 안의 깊은 곳에서 작은 목소리로 속삭이는 존재다. 오감을 초월한 섬세하고도 기묘한 현상을 이해하는 '나', 영감을 가진 '나'다.

외계인이 '방문'하면 밤새도록 집안에서 그들의 존재가 느껴졌다. 내가 그들에게 질문을 던져도 대답은 없었다. 하지만 방과 나의 파동이 강해지면 내면의 '내'가 그들과 대화를 시작한다. 이 새로운 소통 방식을 몇 년간 경험하면서 겨우 '방문'의 목적을 이해할 수 있었다. 그들은 이렇게 차근차근 나를 훈련시켰다.

몇 년 동안 '또 하나의 나' 현상을 관찰하면서 나는 점차 내 안에 외계인과 자유롭게 대화를 나눌 수 있는 또 하나의 내가 있다는 사실을 확실하게 깨달았다. 어떤 경험을 하든지 단편적인 기억밖에 하지 못하는 평소의 나는 외계인에게 질문해도 답을 받지 못한다.

그래서 내 안에 감춰진 또 하나의 '나'를 찾기로 했다. 어떤 순간에 또 하나의 '내'가 나타나는지 주의 깊게 살펴보니 외계인이 '방문'할 때 말고도 가끔 등장할 때가 있었다. 친구나 연인, 가족과 같이 가까운 사람들과 애정을 나눌 때, 누군가를 도와줄 때, 영적인 책을 읽고 있을 때, 명상할 때, 자연 속을 산책할 때, 타인에게 공감할 때, 기쁨이나 행복을 느낄 때, 클래식이나 힐링 음악을 들을 때, 노래를 부를 때, 외국 여행을 갔을 때였다.

나는 일부러 이런 상황을 만들어 또 하나의 내가 등장하는 순간을 주의 깊게 관찰하기로 했다. 또 하나의 나, 즉 나의 영혼과 나를 이어주는 다리가 생기면 내 안에 숨겨진 기억을 꺼내 보기가 조금은 쉬워질 거라 믿었다.

'또 하나의 나' 현상은 연극을 떠올리면 이해하기 쉽다. 평소의 '나'는 관객을 앞에 두고 무대에 서 있다. 반면 내면에 있는 '나'는 커튼 뒤, 무대 뒤에 있다. 객석에 있는 관객은 이런저런 현실 생활을 상징한다. 직업이나 세상의 시선, 물질적 세계에서 살아가는 데 필요한 이런저런 것들이

다. 무대 위에 있는 내가 무대 뒤에 있는 외계인에게 질문
하면 무대 뒤에 있는 나에게 대답해준다.

때로는 대답을 듣기만 하는 것이 아니라 또 하나의 내가
외계인과 대화를 하기도 한다. 무대에서는 커튼의 흔들림
밖에 보이지 않고, 중얼거리는 소리 정도밖에 들리지 않는
다. 뒤에서 어떤 일이 벌어지고 있다는 사실은 느끼지만,
그 내용까지는 알 수 없다. 단편적으로 단어가 새어 나와
들리기도 하지만 무슨 이야기인지는 전혀 알 수가 없다.

무대 위에 있는 나는 뒤에서 무슨 일이 벌어지고 있는지
궁금해서 무대 뒤로 가까이 다가가 이야기를 엿들으려고
하지만, 거기 오래 있을 수는 없다. 뒤로 들어가 확인하고
싶어도 연극이 진행되고 있어서 무대를 팽개칠 수가 없다.
앞과 뒤의 균형, 즉 이 3차원의 물질세계와 보이지 않는 세
계의 균형이 필요하다. 왔다 갔다는 할 수 있지만, 한쪽에
안정적으로 머물 수는 없다. 무대 위의 연극에도 집중하지
못하고 무대 뒤에서 벌어지는 일도 이해하지 못한다.

어쩔 수 없이 무대의 앞과 뒤를 오갈 수밖에 없다. 무대
끝에 오래 서 있으면 연극을 진행할 수 없고, 무대 위에만
있으면 이번에는 뒤에서 벌어지는 일과 멀어진다. 차라리
무대 뒤를 무시하고 무대 앞에서 인생을 연기하려고 해도

무대 뒤의 세계가 무대의 안정과 이어져 있어서 그럴 수도 없다. 하지만 이 사실은 몇 년이 지나서야 겨우 알게 되었고, 나는 그 전에 다양한 체험을 해야 했다. 체험을 거듭할수록 '나'와 '또 하나의 나' 사이에 있는 커튼은 점점 얇아졌다.

그리고 어느 날 커튼이 걷혔다.

또 하나의 '나'

4장

우주가 되다

인생은 아름다워!

여름방학이 끝나가던 9월에 나는 파리 시내에 있는 아파트를 구했다. 대학 수업 시작은 10월이어서 나는 당분간 평일에는 형 집에 머물면서 아르바이트를 하고, 주말에만 파리에 있는 아파트로 돌아왔다. 외계인의 '방문'도 변함없이 계속됐다.

어느 날 아르바이트를 하던 중에 아주 신기한 체험을 했다. 그 일은 묘지의 잡초를 제거하는 중에 일어났다. 콘크리트 발판에 발을 올린 순간, 딛고 있는 발밑의 지면을 통해 순간적으로 지구를 느꼈다. 발밑에 있는 콘크리트 발판만이 아니라 묘지, 파리의 거리, 프랑스 전체, 지구가 차례차례로 느껴졌다. 지구의 무게까지 느껴졌다. 매우 섬세하고 아름다운 느낌이었다. 하지만 일하는 중이라 '뭐지?' 하고 잠깐 멈칫했을 뿐이었다.

밤에 형에게 이야기하자 형도 그날 같은 경험을 했다고 말했다. '뭐였을까? 우리가 느끼는 감각의 범위가 넓어진 걸까?' 매일 공부와 일에 쫓기며 바쁘게 살던 우리는 갑자기 겪은 기묘한 체험에 적잖이 놀랐다. 파동의 영향으로 다음 단계로 올라갔나 싶었지만, 어차피 무슨 일이 일어났는지 이해할 수는 없었다.

그즈음 매일같이 하던 체험에 큰 변화가 생겼다. 우리 둘 다 이틀에 한 번꼴로 영문도 모른 채 갑자기 감동에 휩싸여 가슴이 벅차올랐다. 예를 들어, 차를 타고 집으로 돌아가면서 멍하니 경치를 보고 있다 보면 갑자기 '인생은 너무 아름다워!'라는 생각이 불쑥 들면서 마음속이 환희로 가득 찼다. 아주 드문 체험이었고 영혼까지 떨릴 정도로 황홀감을 느꼈지만, 형도 나도 왜 갑자기 그런 기분이 들었는지는 알지 못했다. 그저 그런 기분을 느꼈다는 사실에 감사할 뿐이었다.

인생은 아름다워!

살아 움직이는 우주

9월이 지나고 나는 파리 시내로 이사를 했다. 파리의 아파트에서 혼자 살기 시작한 이후에도 가끔 가슴 떨리는 감동이 끓어오르는 일이 계속되었다. 어느 날 지하철을 타고 집으로 돌아오던 중에 그때까지 경험했던 수준을 훨씬 뛰어넘는 체험을 했다.

길을 걷던 중에 문뜩 내가 머릿속에서 누군가와 대화하고 있다는 사실을 깨달았다. 지금 누구와 무슨 이야기를 했지? 아무리 생각해봐도 알 수가 없었다. 처음에는 착각이었다고 생각하고 그냥 넘겼지만 몇 분 후에 다시 머릿속의 대화가 느껴졌다. 이번에는 내용이 들렸다. 이야기하고 있는 사람은 나였고, 누군지 모르는 상대가 설명한 내용을 내가 되풀이하고 있었다.

그렇구나! 과거와 미래는 단지 우리의 머리가 만들어 낸 것일 뿐 실제로는 존재하지 않는구나. 존재하는 것은 지금, '현재' 뿐이야. 즉 우주는 살아 움직이고 있는 거야!(la dynamique de I'Univers!)

말이 끝나자마자 내 감각과 시각이 바뀌었다. 평소와 다름없는 거리 풍경이 보이는 동시에 또 하나의 초점이 생겨 나선은하가 소용돌이치는 역동적인 우주의 움직임이 보였다. 눈에 보이는 하늘이 파란색에서 초록색으로 바뀌고, 우주와 내가 하나가 되는 느낌에 사로잡혀 넋을 잃고 그저 우두커니 서 있었다.

하늘에 실처럼 가는 빛이 무수히 뻗어 있어 마치 우주의 모세혈관이 드러난 것처럼 보였다. 그리고 동시에 내 시선이 키보다 높게 올라가기 시작했다. 어떻게 시선이 높아졌는지는 모른다. 마침 건널목을 건너던 중이어서 반대편에서 한 여성이 내 쪽으로 걸어왔다. 나는 실제로 내 몸이 길어지고 있다고 생각했다. 그래서 걸어오는 여성이 이 모습을 보면 어쩌나 걱정이 되었고, 그 순간 체험이 끝났다. 시선 높이가 원래대로 돌아왔고 몸도 길어지지 않았다. '다

살아 움직이는 우주

행이다.' 그제야 마음이 놓였다.

집에 돌아와서 이 체험을 정리했다. 과거와 미래는 우리가 만들어냈을 뿐이며, 사실은 '지금'이라는 살아 움직이는 우주만이 존재한다. 과거에서 미래로 흘러가는 일직선의 시간이라는 개념은 존재하지 않고 오직 '지금'만이 존재한다. 이것이 현실이다.

몸으로 그것을 느꼈다. 거대하고 장엄한, 어떤 말로 표현해도 부족할 만큼 황홀한 체험이었다. 우주는 나선을 그리며 움직였다. 그런 우주의 움직임을 느꼈다니 믿을 수가 없었다. 하지만 한편으로 나도 모르는 사이에 내 머리가 어떻게 된 건 아닌지 걱정도 되었다. 아무리 생각을 해도 머리로는 이 경험을 이해할 수 없었다. 기억을 되돌려보려고 해도 뿌옇게 흐려진 기억밖에 떠오르지 않았다. 가장 선명한 기억은 머리가 아니라 마음속에서 찾았다. 그 '마음'이 파동을 느끼는 '마음'과 같다는 사실도 깨달았다. 육체를 초월한 차원의 마음이다.

그날 나는 매일 일어나는 현상을 기록하던 노트에 이렇게 적었다.

* 2004년 10월 6일

  오늘 '시간'이라는 것 자체가 존재하지 않는다는 사실을
  알았다. '동적인 힘'이 있을 뿐이다. 마음이 먼저 이런 개념
  을 깨달았고, 그 후에 머리로 이해했다. 이 사실을 알게 되
  어서 매우 기쁘다.

다음 날에는 이런 감상도 적었다.

* 2004년 10월 7일

  그곳에 있는 건 단 하나의 힘. 살아 움직이는 우주. 그렇게
  생각하면 '나', '가족', '나라'와 같이 머리로 만들어 낸 개념
  이 너무나 허무하게 느껴진다. 우리는 개별적인 존재가 아
  니라 보이는 차원에서든, 보이지 않는 차원에서든 모두 이
  우주의 힘에 연결되어 있다.

그 후에도 '살아 움직이는 우주'라 이름 붙인 이 현상을
자주 겪었다. 그리고 이 체험은 더 심오한 체험으로 발전
했다. 노트에는 이렇게 적었다.

* 2004년 10월 13일

  가끔 '삶', 그 자체의 움직임을 느낀다. 이 움직임과 순환.

살아 움직이는 우주

세계와 세계가 전체가 되어 움직일 때의 활발한 힘. 믿을 수 없을 만큼 아름답고 정밀하게 움직이는 이 힘을 마주하면 순식간에 눈물이 차오른다. 그리고 완벽하게 압도당한다. 그 순간 '나'라는 존재는 사라지고 이 움직임과 하나가 된다. 그 아름다움에 눈물이 흐른다. 삶이 이렇게 아름다울 줄이야.

이윽고, 우주와 하나가 되다

처음에는 이런 경험을 어떻게 해석해야 할지 몰라서 내 마음대로 이름을 붙였다. '우주의 움직임을 느끼는 체험'에서 '한순간 현실을 엿보는 체험'으로까지 발전했다. 좀 길기는 했지만 내가 겪은 일에 이름을 붙이자면 달리 표현할 방도가 없었다. '한순간 현실을 엿보는 체험'은 '삶'과 '삶의 아름다움'에서 시작한다.

여기서 말하는 아름다움이란 큰 슬픔과 큰 기쁨이 하나가 되는 듯한 신비한 아름다움이다. 슬픔과 기쁨이 하나로 통합되어 일상생활에서는 도저히 느낄 수 없는 압도적인 힘이 마음에 밀려들어 온다. 가슴이 답답해서 괴롭지만 산다는 것이 얼마나 귀중한 체험인지 느껴지면서 가슴이 벅차오르고, 감동으로 눈물이 멈추지 않는다. 그리고 '시간' 과 '나'라는 존재가 동시에 사라지고 눈 앞에 펼쳐진 현실 을 마음의 눈으로 보게 된다.

'내'가 없는 마음으로 주변을 둘러보면 거기에는 '사랑' 과 '아름다움', '슬픔'밖에 없었다. 주제는 '삶'에 대한 사랑. 여기서 사랑은 '내'가 '삶'을 사랑하는 것이 아니다. '사랑 은 곧 우주이고, 우주는 바로 나'였다. 내 앞을 걷는 사람 들, 개와 고양이, 눈에 보이는 살아 있는 모든 존재가 나와 다른 별개의 '개체'가 아니며, 파리, 프랑스, 지구 등 존재 하는 모든 것이 나의 마음이 되고, 이윽고 우주와 하나가 된다. 기쁨과 즐거움만이 아니라 슬픔과 고통도 동시에 느 낀다. 하지만 이를 느끼는 나의 마음, 그 자체가 너무나 아 름다웠다.

이런 일이 반복해서 일어났다. 일주일에 한두 번이었다 가 매일 경험하게 되었고, 이윽고 하루에도 여러 번 경험 했다. 장소와 시간에 상관없이 갑자기 시작되었다. 슈퍼마 켓에서 장을 보다가, 건널목을 건너다가, 집에서 리포트를 쓰다가, 또는 길을 걷거나 지하철을 탔을 때 돌연 아무런 조짐도 없이 일어났다.

처음에는 크게 걱정하지 않았지만 그런 현상이 하루에 몇 번씩이나 일어나자 일상생활에 지장이 생기기 시작했다. 우주와 하나가 되는 일이 아무리 멋지더라도 슈퍼마켓에서 장을 보다가 이런 느낌에 압도당해 눈물을 쏟으면 난처할 수밖에 없다. 주변 사람들이 어떻게 생각할지 걱정이었다.

도대체 내게 무슨 일이 일어나고 있는 건지 몇 번이나 인터넷으로 검색해봤지만, 적절한 검색 키워드조차 찾지 못했다. '이상한 기쁨'이나 '황홀한 느낌'으로 검색해봤지만, 내가 한 체험과 연결 지을 만한 글은 어디에도 없었다. 내가 경험했다면 분명 다른 누군가도 같은 현상을 경험했을 거라고 생각하던 차에 일본인 친구에게서 한 통의 메일을 받았다.

일본에서 에드거 케이시Edgar Cayce, 미국의 예언가의 리딩(수면 상태에서 잠재의식으로 말하는 방식 —역주)을 널리 알리는 회사를 경영하면서, 영적인 삶의 방식이나 건강에 관한 매거진을 메일로 발송하고 있는 '나오코'라는 친구였다. 나오코 씨와는 한 지인의 소개로 2004년 9월 파리에서 만났고, 길을 안내해주고 함께 비건 식당을 찾아다니며 같이 시간을 보냈지만 나의 경험에 대해서는 아직 자세하게 말하지 않은 상태였다.

이윽고, 우주와 하나가 되다

그런데 이때 나오코 씨에게 받은 메일에는 그녀가 쓴 매거진과 주로 미국인들이 경험한 영적인 현상 체험기가 첨부되어 있었다. 파일을 열어보고 나는 깜짝 놀랐다. 그들의 경험은 내가 체험했던 현상과 똑같았다.

- 지구의 사랑을 느낀다.
- 지구에 존재하는 모든 인간과 하나가 된 듯한 느낌.
- '내'가 사라지는 느낌(자기 소멸).
- 우주와 하나가 되는 느낌.

내가 체험했던 모든 현상이 목록에 있었다. 마침내 같은 체험을 한 사람의 이야기를 들을 수 있었다. 마음이 한결 가벼워졌다. '역시 나는 미치지 않았어. 다행이다!' 그리고 이 현상에 이름이 있다는 사실을 알았다. '우주와 하나 됨' 그 밖에도 '우주와의 일체감', '궁극적 체험', '각성 체험', '자기 초월 체험' 등 다양한 이름이 있었지만, 나는 '우주와 하나 됨'이라는 이름이 가장 와닿았다. 체험에 비춰 보면 '우주와의 일체감'은 위치를 우선하는 뉘앙스가 있었다. 하지만 영적인 의미를 포함하는 '우주와 하나 됨'은 내가 체험을 통해 배운 내용을 분명하게 표현하고 있었고, 나는 이 이름이 마음에 들었다.

나오코 씨의 메일을 읽고 나는 속으로 '유레카!'를 외쳤다. 유레카는 고대 그리스의 수학자 아르키메데스가 부력의 원리를 발견하고 '기쁨의 순간'에 외친 말이다. 나는 바로 답장을 보냈는데, 나오코 씨의 말에 따르면 우주와 하나 되는 경험은 보통 인생에서 몇 번 하지 못하는 체험이라고 했다. 나는 지금까지 거의 매일 두세 번, 일주일에 여러 번 체험하고 있었기에 이상하다고 생각했다. 나오코 씨에게 그렇게 말하자 이렇게 되물었다. "정말? 우주를 벌써 여러 번 체험했다는 거야?" '우주와의 일체감' 또는 '자기 소실'은 확실히 체험했다. 하지만 이런 체험을 여러 번의 수준을 넘어서 매우 자주, 계속 겪고 있다는 말은 왠지 부끄러워서 할 수 없었다.

우주와 하나 됨(oneness). 드디어 내가 겪고 있던 현상의 이름을 알았다. 모든 것과 하나가 되는 상태. 이 영어 명칭이 딱 적합했다. 나의 모국어인 프랑스어로는 뭐라고 하면 좋을까. 모든 것이 하나가 된다는 의미의 '유니시티unicité' 정도일까. 내가 '한순간 현실을 엿보는 체험'이라 불렀던 현상은 이제 '우주와 하나 되는 체험'이 되었다.

우주와 하나 됨은 머리로는 경험할 수 없다. 마음으로 느껴야 한다. 우주는 '사랑'으로 가득 차 있다. 아무런 조

이윽고, 우주와 하나가 되다

건도 한계도 없는 사랑이다. 사랑을 느끼는 상대가 가족과 친구인지 난생처음 보는 타인인지, 성별과 나이, 문화와 인종과도 전혀 상관이 없고, 나아가 사람인지 동물인지, 곤충인지 식물인지, 생물인지 무생물인지도 관계없다. 지구에서 살아가고 있는 것, 존재하는 것, 그 모든 것에 사랑을 느낀다. 이 사랑에는 일말의 두려움이나 의심이 없다.

그리고 그 사랑은 지구를 넘어 우주로 뻗어 나가 우주와 하나가 된다. '우주는 곧 사랑이고, 사랑은 바로 나'이며 나와 다른 존재의 구분이 사라진다. 하나하나를 구별할 수 없게 된다.

우주와 하나 됨의 시작은 사랑이다. 사랑은 감동을 낳는다. 가슴이 벅차올라 눈물을 참을 수가 없다. 그 사랑은 마음을 관통한다. 앰프를 조절하면 음악의 주파수가 포화되는 것처럼 인간인 내가 사랑으로 포화상태가 된다. 마음에 사랑이 넘쳐흐른다.

이 사랑이 인간인 나의 껍데기를 깨고 이를 초월한 차원을 체험하게 한다. 이 사랑을 통해 배운 가장 중요한 교훈은 '나는 당신이고, 당신은 나'라는 개념이다. 나는 다른 사람과 구별되지 않는다. 이는 머리로 이해하는 개념이 아니라 몸으로 느끼는 체험이다. '나는 당신이고, 당신은 나'라는 개념을 몸으로 느끼면 생전 처음 만난 사람을 보아도 자기 모습이 보인다. 사람으로서 체험하는 인생에 깊이 감사하게 된다. 모든 사람이 하나의 생명체인 것처럼 서로의 경험을 겹겹이 포개어간다.

'상대는 그저 또 하나의 나'일뿐이니 상대가 하는 말과 행동은 내가 하는 말이고 행동이다. 이는 영적 체험을 통해 도달할 수 있는 경지의 하나다. 상대의 눈 속에 내가 보이고 상대의 목소리에서 내 생각이 들린다. 이런 현상은 일대일 관계에서만이 아니라 수만 명을 상대로도 일어난다. 뇌로 생각하는 것이 아니라 영혼으로 느끼는 것이기에 수는 전혀 상관이 없다. 수만 명이 체험하고 느끼고 있는 일을 자신의 감각으로 느꼈을 때, 그 느낌은 분명 뿔뿔이 흩어져 있는데도 하나의 화음을 이루어 그저 아름답게만 보였다.

이윽고, 우주와 하나가 되다

감동의 꽃

　나는 하루에 두세 번씩 우주와 하나 되는 경험을 했다. 왜 이렇게 자주 일어날까? 어떤 의미가 있는 걸까? 내가 스스로 이런 현상을 일으키는 것이 아니다. 그렇다면 누군가가 이 체험을 통해 무언가를 알려주려고 하는 걸까? 나는 이 체험이 무엇을 의미하는지 알지 못해 이리저리 상상의 나래를 펼쳤다. 불교에서 말하는 깨달음의 경지일까, 아니면 외계인의 메시지를 받기 위한 수단일까, 그도 아니면 우주를 여행하는 방법일까. 애초에 왜 이런 현상이 일어나는 걸까? 이 체험이 영적인 체험의 최고 경지인 이상적인 상태인 걸까?

　그렇다면 일상의 사소한 일들은 이제 할 수 없게 되는

걸까? 생활을 하려면 일을 해서 돈을 벌고 밥도 먹어야 한다. 친구들과 마음 편하게 수다도 떨고 싶고 애인과 연애도 하고 싶다. 만약 영적 체험이 최고 경지의 이상적인 상태라면 체험이 늘어나면 늘어날수록 3차원적 생활은 포기해야하는 걸까? 의문이 꼬리에 꼬리를 물고 계속 튀어나왔다.

무엇보다 다른 사람 앞에서 갑자기 우주적 세계에 빠지는 것이 큰 고민이었다. 체험 횟수가 많아질수록 더 깊이 빠져들어서 잠깐 만에도 너무 감격스러운 나머지 무릎을 꿇고 주저앉아 눈물을 흘렸다. 공공장소에서 그런 일이 벌어지면 아주 난처했다. 뇌전증을 앓는 환자들의 마음을 조금은 이해할 수 있을 것 같았다. 갑자기 발작이 일어나지 않을까 걱정되는 마음. 정말 큰 걱정거리였다.

그래서 우선은 갑자기 우주적 세계에 빠지지 않는 방법을 찾아야 했다. 다른 사람들 앞에서 곤란해지는 상황을 피하려면 갑자기 그 세계에 빠져들더라도 스스로 멈출 수 있어야 했다. 벌써 여러 번 우주와 하나 되는 세계를 체험했으니 양상은 어느 정도 파악하고 있었다. 관찰을 통해 체험 중에 겪은 일을 기억하려고 하면 그 순간 체험이 끝나버린다는 사실을 알아냈다.

감동의 꽃

다시 말해 머리를 쓰면 스위치를 끄듯이 체험을 끝낼 수 있다는 말이었다. 또한 어떻게 해서 이와 같은 현상이 일어나는지 알아내야 했다. 왜 갑자기 일어날까? 계기가 무엇일까? 이 사실만 알 수 있다면 갑자기 초자연의 세계로 빠지는 일을 막을 수 있지 않을까? 나는 전조증상, 즉 이런 현상이 일어나는 계기를 알아내려고 온 신경을 집중해서 관찰했다.

하지만 막상 요인을 찾으려고 해도 계속 실패만 했다. 항상 너무 늦었고 생각만큼 쉽지 않았다. 일어날 것 같은 느낌이 들었을 때는 이미 늦었다. 발생하는 순간의 조짐을 찾아내지 못하니 무엇이 우주적 체험을 일으키는지 알 수 없었다. 결국 한 번도 제대로 관찰하지 못한 상태로 세월만 보냈다. 징조를 알아차리는 타이밍이 너무 늦어서 계속 실패한다는 사실만 깨달았을 뿐이다.

그러던 어느 날, 편지가 도착했다. 나는 몇 년 전부터 아프리카 어린이들에게 교육 기회를 제공하는 NGO 단체 지원 활동에 참여하고 있었다. 내가 매달 약간의 후원금을 내면 아프리카의 어린이 한 명이 학교에 다닐 수 있었다. 그리고 가끔 내가 후원하는 아이의 모습과 성적을 편지로 알려주었다. 이번에 받은 편지에 내가 후원하는 아이의 사진도 들어 있었다. 편지를 읽다가 감동이 밀려왔고 사진을 본 순간, 징조가 나타났다.

찾았다! 우주와 하나 되는 세계가 펼쳐지려는 순간의 느낌을 포착했다. 처음이었다. 상대에 대한 공감(감정이입), 내 일처럼 타인을 진심으로 생각하는 마음. 우주적 체험은 그런 마음에서 시작되었다. 그 마음에서 모든 사람에 대한 사랑이 생겨났다. 생각해보면 너무나도 당연한 일이었다. 상대의 일을 내 일처럼 느끼고 생각하며, 상대와의 경계를 허물고 타인과 하나가 되는 순간에 그 세계가 열렸다.

그리고 단순한 공감(감정이입)에서 우주로 나아가려면 한 가지 요소가 더 필요했다. 외계인이 나타났을 때 정도의 강한 파동이다. 이 문제를 어떻게 해결해야 할까 생각하던 중에 전에 했던 경험에서 힌트를 찾았다. 외계인이 자주 '방문'했을 때는 클래식 음악이나 고음역의 음악을 피했었다. 그런 음악을 들으면 그들의 존재감이 더 강하게 느껴졌기 때문이었다. 다시 말하면 그런 음악에는 파동을 높이는 효과가 있다는 의미다. 공감(감정이입)과 파동을 강하게 만드는 음악. 이 두 가지 요소를 피하면 갑자기 초자연의 세계로 빠지는 일을 막을 수 있다. 이 사실을 알아내고 나는 무척 기뻤다.

감동의 꽃

그런데 반대로 이 요소를 사용하면 지금까지는 갑자기 일어났던 현상을 의도적으로 일으킬 수 있다는 생각이 불현듯 떠올랐다. 2초 동안 생각한 후에 나는 바로 실행에 옮겨 보았다. 음악을 준비하고 전에 받은 편지를 다시 한 번 읽었다. 상대의 마음에 공감(감정이입)하자 그 아이를 향한 연민이 생겨났다. '됐다!' 우주적 체험이 시작되는 느낌이 들기 시작했다. 그 느낌이 더 깊어지기 전에 뇌로 기억하려고 시도해보았다. 그러자 느낌이 사라졌다. 끝났다.

이 체험을 통해 나는 매우 중요한 사실을 알아냈다. 뇌로는 우주적 세계를 체험할 수 없을 뿐만이 아니라 뇌 자체가 체험의 걸림돌이라는 것을 말이다. 판단을 일절 개입시키지 않고 그저 관찰만 하는 자세가 아니면 공감(감정이입)에서 우주적 세계로 나아갈 수 없다. 의식이 작용하는 장소를 뇌에서 가슴으로 옮겨야만 했다. 이렇게 해서 나는 의도적으로 우주적 체험을 할 수 있는 요소가 무엇인지 알아냈다. 나중에 다시 말하겠지만 우선 기본적으로 '영혼과의 합의'가 있어야 한다. 그 뒤에 다음 세 가지 요소가 필요하다.

- 감정이입(공감)

- 강한 파동

- 철저히 관찰만 하는 자세(머리가 아니라 마음으로 느낀다)

이 세 가지 요소가 모이면 '감동의 꽃'이 피기 시작한다. 이 감동의 꽃이 우주적 세계로 들어가는 문이다. 문이 열리면 그 안은 조건도 경계도 없는 무한한 사랑의 세계다. 그 사랑에 감싸져 있으면 결국 나 자신이 사랑 그 자체에 녹아버린다. 사랑과 우주, 그리고 나의 구분이 사라지고 나 자신도 자아가 없는 '나'가 된다. 우주도 각각의 은하와 항성, 행성으로 구성된 우주가 아니라 사랑, 그 자체의 우주가 된다. '우주는 곧 사랑이고, 사랑은 바로 나', 이렇게 모두가 하나로 융합되어 존재한다.

나는 바로 다시 시도해보았다. 우주와 하나가 되는 세계를 즐기고 싶어서가 아니라, 더 멀리 보고 깊게 이해하고 싶었다. 파동이 강해지면 이해도도 깊어졌다. 영적인 차원에 접속하면 각종 정보가 흘러들어왔다. 그 정보를 통해 인간으로서 사는 '지금'을 훨씬 명료하게 인식할 수 있었다. 파동을 사용해서 초점을 현재에 맞춰본 적이 있었는데, 이번에는 우주적 체험을 통해 시도해보았다.

감동의 꽃

음악을 틀어놓고 내 방 창문가에 서서 밖을 걷는 사람들을 바라보며 그들과 하나가 되려고 마음을 가다듬었다. 그러자 공감(감정이입)하는 마음이 샘솟고 감동의 꽃이 피어나기 시작했다. 감동의 꽃이 활짝 피자 그 느낌이 마음에 가득 찼고 마음껏 맛볼 수 있었다. 평소 느끼던 감동과는 차원이 다른 수준에 도달하자 순식간에 지구상의 모든 생명과 하나가 되었다. 이때 몸 안에서 무언가가 조금씩 올라오는 듯한 느낌이 들었다. 배꼽부터 심장 주변까지 올라오는 길이 보이는 듯했다.

모든 생명과 하나가 되는 느낌은 정말 굉장했다. 한 명한 명이 하는 행동, 느끼는 감정, 각각 다른 장소와 다른 방향에서 사람들이 겪고 있는 일, 그 모든 것이 내 일처럼 느껴졌다. 보이는 세계가 순식간에 깊어지고 모든 방향으로 넓어졌다. 정말 황홀했다! 생각만 해도 소름이 돋을 정도다. 하지만 그런 광경이 보이는 순간은 정말 한순간에 불과했다. 그리고 다음 순간 우주와 하나가 되었다. 이것이 처음으로 스스로 우주적 세계에 들어가 보았던 체험이었다.

가이아의 외침

우주적 세계에 빠져 있을 때 우주와 하나가 된 느낌을 받기도 하지만 지구의 외침을 들은 적도 있다. 소리와 이미지, 그리고 가이아(Gaia, 대지의 여신)라 불리는 지구의 기쁨과 슬픔이 뒤섞인 외침이었다. 그 외침이 너무 깊고 강렬해서 마음이 찢어질 것 같았다. 우리 인간 한 명 한 명이 지구를 아프게 하는 선택과 행동을 해서 지구는 벌에 쏘인 것 같은 고통을 느끼며 비명을 질렀다. 지구 환경을 파괴하는 인간의 행위와 오염, 동물을 대상으로 한 살육과 학대, 그런 행위를 지구는 고통으로 느끼고 있었다. 그 고통을 피해 도망치고 싶어도 지구는 도망칠 곳이 없었다. 지구상의 거의 모든 곳에 인간이 존재해 전신이 바이러스에 감염된 상태나 마찬가지였으니까.

동시에 지구상에 존재하는 생태계가 파괴되어 가는 모습이 보였다. 지구의 생태계는 죽어가고 있었다. 생명을 가진 존재가 사라지려 하고 있었다. 이 또한 지구에 크나큰 고통이었다. 이날의 체험은 뇌로 기억하려고 해서 끝난 것이 아니라 마음이 너무 아파서 갑자기 끊어졌다. 갈가리 찢어진 마음이 지구의 비명을 견디지 못해 현실로 끌려 나왔다.

이 체험을 통해 내가 알게 된 사항은 다음과 같다.

● 지구는 살아 있다.
● 생태계의 존재
● 지구의 외침은 소리와 이미지, 고통이 뒤섞인 파동과 함께 우주 전체로 퍼져나간다. 이 파동을 느낄 수 있는 우주의 존재는 아무리 먼 곳에 있어도 지구의 외침을 들을 수 있다.
● 생태계의 일부인 나는 지구를 파괴하는 행위를 나 자신의 고통으로 느낀다.
● 지구상의 생태계가 조금씩 무너지고 있다. 하지만 지구 자체가 죽는다기보다 생태계가 소멸되는 방향으로 진행되고 있다.

● 생태계가 무너지는 것은 슬프면서, 동시에 아름답다. 삶과 죽음은 큰 의미에서 '생명'을 영위해가는 하나의 과정이기 때문이다. 지금 생태계가 사라진다 해도 또 새로운 생명이 재생될 것이다. 삶과 죽음, 창조와 파괴가 모두 같은 현상의 일면이다.

나는 이때 큰 차이점을 깨달았다. '체험하는 것'과 '머리로 이해하는 것'의 차이였다. 우주적 체험을 하는 도중에 그 내용을 머리로 이해할 수는 없다. 머리로 해석하려고 하는 순간 체험은 바로 끝나버린다. 판단도 해석도 하지 않고 그저 관찰자로만 있어야 체험을 계속할 수 있다.

그리고 체험의 기억은 머리에 남지 않고, 몸과 마음(영혼이나 직감과 이어진 마음)에 새겨진다. 따라서 몸과 마음으로 떠올려야 한다. 그렇다면 도대체 내 몸의 어느 부분이 우주를 느끼는 걸까? 몸과 마음으로만 떠올릴 수 있는 현상도 처음 겪었다. 그 기억은 나중에 떠올리려고 한다고 해서 마음대로 떠올릴 수 있는 것이 아니었다. 예를 들면 지금 이 문장을 쓰고 있는 내가 우주적 체험에 관해 쓰려면 그와 가까운 상태가 되어야 한다. 아무리 기억을 끄집어내서 쓰려고 해도 떠오르지 않는다. 하지만 이때는 아직 이런 사실을 알지 못했다.

가이아의 외침

우주로 향하는 다리

다만 한가지, 우주적 세계가 제아무리 멋지다고 해도 매일 체험할 생각은 없었다. 애당초 그 체험이 시작되는 요소를 조사한 이유는 갑자기 빠져드는 일을 막고 싶어서였다. 일상생활을 순조롭게 보내려면 어떻게 해서든 이 신비롭고 아름다운 마음을 억누를 수 있는 방법을 찾아야 했다. 언제든지 환영할 수 있는 일은 아니었으니까. 우주적 체험은 사람의 마음 깊은 곳까지 뒤흔들기 때문에 여기에 버틸 수 있을 만한 준비가 필요하다. 우선은 '영혼의 합의'가 있어야 한다. 즉, 지금 내게 이 체험이 필요한지 아닌지를 영혼이 정한다.

그런데 '영혼'은 어디에 숨어 있을까? 왜 보이지 않을까? 어릴 적부터 나는 항상 그것이 궁금했다. 외계인들의 '방문'이 시작되고부터 나는 천천히 수년에 걸쳐 영혼이 나타나는 찰나의 순간을 기다렸다가 철저하게 관찰했다. 그리고 인간관계나 체험에서 느끼는 감정과 함께 '영혼'이 나타난다는 사실을 알게 됐다.

영혼은 머리가 아니라 마음을 통해서 표현하고 감정과 느낌으로 소통한다. 분석을 좋아하는 유형인 내게는 낯선 방법이었지만 이 사실을 받아들이고 나서는 '감각의 채널', 즉 마음을 통해서 정보를 교환하게 되었다. 처음에는 뇌에서 나오는 잡음 탓에 희미한 영감밖에 얻지 못했다. 그래도 계속 판단을 배제한 채 듣는 일에 집중했더니 감도가 좋아졌고, 영혼과 훨씬 부드럽게 소통할 수 있었다.

이 시기에 내 의식과 영혼 사이에 조금씩 '다리'가 생기는 듯한 인상을 받았다. 그 느낌은 영혼이 보내는 메시지라기보다는 영혼의 이끌림, 직감적으로 번뜩 스치는 아이디어 같았다. 머리를 비우고 무언가에 집중하면 잡음이 사라지고 영혼이 살짝 보이기 시작한다. 뇌의 방해가 사라지면 영혼과의 소통이 원활해지면서 영혼이 무엇을 바라는지 알게 된다.

우주로 향하는 다리

그래서 앞으로도 우주적 체험을 계속하려면 몸과 사고 방식, 생활 방식 전반에 걸쳐 근본적인 개혁이 필요했다. 그리고 그 개혁이 2004년 여름에 나도 모르는 사이에 일어나고 있었다. 그들이 매일같이 찾아왔던 주된 목적은 우주적 체험을 위해 나의 몸과 마음, 영혼을 변화시키려던 것이었다. 물론 이 또한 나중에서야 알게 된 사실이다. 체험을 정리하고 스스로 받아들이기까지 수년이 걸렸다. 균형이 필요했다. 물방울이 수면으로 떨어져 파문이 번지고 다시 잔잔한 수면으로 돌아가려면 한동안 기다릴 수밖에 없듯이.

마음속 염원을 우주로 보내다

가끔 내 의식이 좁아졌다는 느낌이 들면 넓은 관점을 되찾으려고 일부러 우주적 세계에 들어가 보기도 했다. 창문 옆에 앉아서 지나다니는 사람들을 바라보며 마음속 깊은 곳에서 공감(감정이입)을 끌어내면, 우주와 하나 되는 체험이 시작된다. 사람이 많으면 많을수록 더 수월하다.

첫 단계인 공감(감정이입) 단계에서 타인과 하나가 된다. 그때마다 재미있는 현상을 볼 수 있었다. 이 단계는 찰나의 순간밖에 볼 수 없어서 순간적으로 살짝 엿보이는 느낌이지만, 반복적으로 체험하면서 여러 가지 사실을 알 수 있었다.

그중 하나가 사람과 사람 사이에 생기는 사념의 구름과

그것의 교류다. 길을 걷는 사람들의 생각이 그 사람 주변에 구름처럼 나타난다. 그 사람의 신념이나 상념이 형상화된 것이다. 긍정적인 생각은 밝은색을 띤 구름으로, 푸념이나 불평불만으로 가득한 생각은 어두운색으로 보인다.

또는 여러 해 동안 쌓아온 고민이 계속 머리 주변을 맴돌며 따라다니는 사람도 있다. 문뜩 떠오른 생각이 갑자기 펑 하고 머리 주변에 나타나기도 한다. 사념의 구름이 나타나면 동시에 그 사람이 생각하는 내용도 함께 전해졌다. 사람들의 생각이 내 머릿속이 아니라 내 마음에 울렸다. 처음 그 구름을 보았을 때 나는 적잖이 놀랐다. 상상도 하지 못했던 장면이었고 의미도 알 수 없었다. 하지만 체험이 반복되면서 점점 당연한 현상이 되었다.

그리고 자연스럽게 다음과 같은 사실을 알게 되었다. 우리 한 명 한 명이 모두 창조자이고, 만들고 싶은 것을 마음속으로 염원하며 우주로 보내면 우주는 거울처럼 그것의 실체를 비춰준다. 하나부터 열까지 시간이 걸리는 과정이며 첫 단계는 '생각하기'부터 시작한다. 생각은 희뿌연 구름이 되고, 그 구름이 점점 형태를 갖춘 실체가 되어 물질적 차원에서 구현된다.

길에서 사람들이 스쳐 지나갈 때 서로가 가진 사념의 구름이 닿아 상대에게 영향을 미치는 장면도 보았다. 교류는 항상 일어난다. 길을 걸으면서 낯선 사람과 스쳐 지나갈 때조차 보이지 않는 차원의 교류가 일어난다. 나는 교류가 일어나는 장면만 보았을 뿐, 그 결과는 알 수 없었지만, 갑자기 아이디어가 생각나거나 영감이 떠올랐다면 분명 그런 교류의 영향일 거라 생각한다. 속으로 노래를 부르고 있는데 옆에 있는 친구가 같은 노래를 흥얼거렸던 적이 있지 않은가? 이 또한 마찬가지 현상이다.

마음속 염원을 우주로 보내다

같은 파동끼리 끌어당긴다

우주와 하나 되는 세계에 들어가려는 시도를 계속하다 보면 항상 초자연적 상태에 가까운 상태가 된다. 파동도 쉽게 느끼고 언제라도 그 세계로 들어갈 수 있다. 이 또한 나중에서야 안 사실이지만, 스포츠와 마찬가지로 단련하면 단련할수록 쉬워진다.

우주적 세계를 자주 체험하던 시기에는 일상생활에도 이런저런 영향이 있었다. 그냥 길을 걷다가 주위 사람들에게서 무언가를 느꼈을 때 그것이 기분 좋을 때도 있었지만 불쾌하고 기분이 나쁠 때도 있었다. 슈퍼마켓이나 사람이 붐비는 장소에서 가까이 있는 사람의 생각이 들리거나, 다른 사람의 신체를 보면 건강 상태나 균형이 무너진 기관이 어딘지 알 수 있었다.

　체험하면서 살펴보니 우리의 몸은 보이지 않는 에너지를 발산하고 있었고, 그 안에는 많은 정보가 포함되어 있었다. 그 정보를 알면 거짓말을 할 수 없으니 서로에게 솔직할 수밖에 없지 않을까? 또한 에너지체를 조금이라도 느낄 수 있으면 이를 매개로 정보를 교환할 수 있다. 실제로 파동이 강해지면 정보가 흘러들어왔고, 라디오 주파수를 맞추듯이 파동을 바꾸면 또 다른 정보를 얻을 수 있었다.

　이런 배움을 통해 결론적으로 파동은 같은 파동을 가진 사물이나 인물을 끌어당긴다는 사실을 깨달았다. 말 그대로 '유유상종'이다. 자신의 파동에 따라 그에 맞는 환경이 갖춰지는 현상을 수도 없이 보았다. 사물이나 인물만이 아니라 보이지 않는 존재도 마찬가지다. 내 파동이 강해지면 다양한 영적 존재나 죽은 사람의 영혼도 보이기 시작했다.

　우주적 세계로 들어가기 위해 창문으로 사람들을 바라볼 때 나를 가장 놀라게 한 것은 공감(감정이입)을 끌어낼 때 살짝 엿보인 영적인 존재였다. 길을 걷는 사람들 주위를 따라다니는 많은 영적 존재들이 보였다. 그중에는 돌아가신 분의 영혼도 있었지만, 대부분 육체를 가지지 못한 채 이 땅에서 활동하는 존재들이었다.

영적인 존재는 사람 옆에 바짝 붙어서 영적으로 격려해주거나 그 사람의 생각을 가만히 지켜보았다. 우주적 세계를 깊이 체험하기 위해 집중하고 있다 보니 그 모습을 순간적으로 볼 수 있었는데, 영적인 존재와 인간의 관계는 모두 좋아 보였고 사람들을 영적으로 지원하는 것처럼 보였다.

이 현상을 보기 전까지 나는 보이지 않는 존재에 그다지 관심이 없었다. 죽은 사람은 유령이 되어 한동안 지상에 머물렀다가 결국 영계로 돌아간다고 생각했고, 그 밖에 다른 존재가 있다고는 생각해본 적이 없었다. 그래서 체험 중에 이런 현상을 보고 놀랄 수밖에 없었다.

영적인 존재들은 모두 진심으로 인간을 도와주고 싶어했다. 가끔 내 마음속에 들리는 작은 목소리도 이런 존재였을까? 내가 본 영적인 존재는 모두 자유롭게 사람들 사이를 활보했다. 무엇보다 그 수가 너무 많다는 사실에 놀랐다. 한두 명이 아니라 주변에 넘쳐났다. 한 사람에 적어도 한 명의 영적 존재가 붙어 있었다. 그들은 자유롭게 나타나서 여기저기로 이동하며 사람에게 다가갔다가 사라지곤 했다. '이게 뭐지?' 처음에는 정말 깜짝 놀랐다. 사람

179

이 있으면 반드시 그 옆에 영적인 존재가 있었고, 어떤 교류가 일어났다.

이 현상은 우주와 하나 되는 세계로 들어갈 때 순간적으로 보이는 모습이라 자세히 관찰할 수는 없었지만, 그래도 그들과 인간이 많은 관계를 맺고 활발한 교류를 한다는 사실에 감명을 받았다.

상상해보라. 세상의 모든 사람과 마음이 이어져 있고, 그 사람들이 각각의 영적 존재들과 교류하고 있는 정경을. 우주적 세계에서 나는 세상의 모든 사람과 마음이 이어져 있어 간접적으로 그들의 영적 존재와도 교류할 수 있었다. 동시에 그들이 교류하는 모습을 가만히 지켜보기도 했다. 사람들이 영적인 존재와 교류하는 모습을 보고 있으면 늘 감사하는 마음이 샘솟았고 감동에 휩싸였다.

같은 파동끼리 끌어당긴다

우주와 하나가 되는 단계

체험을 거듭하면서 그 깊이에도 단계가 있다는 사실을 알게 되었다. 초기에는 각 단계와 유형, 느낌과 시점을 구별하지 못해 한꺼번에 몽땅 체험하는 느낌이었다. 하지만 반복해서 체험하면서 몇 가지 단계가 있다는 사실을 알았고, 그 깊이도 조금씩 보이기 시작했다.

우주와 하나 되는 단계

	감각·감정	해석	시각·시점	머리·신체 반응	시간 감각
5	의식이 향하는 대로 우주 어디로든 이동할 수 있다.				
4	'내'가 사라짐	우주와의 일체감	망원경으로 보는 우주가 아닌, 사랑의 우주	보고 듣고 느끼는 것 등 오감이 하나가 됨	⊙
3	끝없는 배려와 공감 (감정이입)을 체험	나는 당신이고, 당신은 나(타인과의 일체감)	인간 곁에 있는 영적인 존재가 보임	마음으로 소리를 들음	↻
2	일반적인 감동에서 큰 기쁨과 슬픔이 뒤섞인 감정으로	이원성을 초월한 감각	일상 현실에 영적인 차원이 겹쳐 보임	주변 사람들의 생각이 들림	↱ 휘어지기 시작함
1	신기한 기분	영혼이 되어 인간의 경험을 되돌아보는 느낌	평범	평소와 다른 신기한 느낌	→ 직선적

우주와 하나 되는 체험을 상상할 때 단서가 되었으면 좋겠다. 이 세계에서는 시간의 흐름이 평소와 달라 직선적인 '시간'에서 일시적으로 벗어난다. 나의 체험 단계를 간단히 정리하면 이렇다.

▶ 1단계

신기한 기분이 들기 시작한다. 가슴이 두근두근하고 인생에 지대한 관심이 솟아나며 모든 것이 사랑스럽다. '산다는 건 정말 멋진 일이야.'라는 생각이 가슴을 가득 채운다.

▶ 2단계

1단계의 기분이 감동으로 발전한다. 좋고 나쁨, 기쁨과 슬픔처럼 정반대의 개념이 하나로 보이기 시작한다. 큰 기쁨과 큰 슬픔이 하나로 뒤섞인 감동이 온몸에 퍼진다. 무엇이 슬프고 무엇이 기쁜지도 구별하지 못한다. 그저 그 감정의 크기에 압도당해 자연스럽게 눈물이 흐른다. 슬퍼서 눈물을 흘리는 것이 아니라 그 느낌이 너무나도 아름다워서 눈물이 난다.

이때는 이미 평상시 내가 느끼던 오감과 감수성의 폭이 넓어진 상태다. 뇌보다 주로 마음으로 느끼게 된다. 또한 직선으로 흘러가던 시간이 휘어지기 시작한다.

과거와 미래가 현재 위로 떠오른다. 즉 현재, 과거, 미래가 동시에 보인다. 이때 보이는 과거와 미래는 대부분 친한 친구나 가족에 대한 일이다. 그곳에 사람이 있으면 그 사람들의 생각, 마음, 감정을 느낄 수 있다. 사람과 사람 사이에 주고받는 보이지 않는 소통이 보이기 시작한다.

이때 눈과 마음의 시각이 겹쳐지면서 일상적인 현실 위에 영적인 차원의 현실이 오버랩되어 보이기 시작한다. 한 사람 한 사람에게서 나오는 파동에서 그들의 개성을 느끼고 각자의 특성과 인생을 파동을 통해 맛본다. 그리고 3단계에 들어서기까지 꽃봉오리가 벌어지듯 서서히 초감각이 확장된다.

▶ 3단계

서서히 벌어진 초감각의 꽃, 초자연의 꽃이 피면 더 깊게 공감(감정이입)할 수 있다. 이 단계에서 두 가지 중요한 체험을 하게 된다. 지금까지 '나'라고 생각했던 자기 자신, 즉 자아가 사라진다.

'나'라고 생각했던 존재가 그저 착각이었을 뿐이라는 사실을 깨닫는다. 그 사실을 받아들이고 각오를 다진다. 머리로는 이해할 수 없다. 마음으로 체험해야 한다. 머리가 어떻게 생각하든지 마음에 새겨진다.

우주와 하나가 되는 단계

3단계에서는 가장 먼저 정보의 흐름에 놀라게 된다. 마음으로 보는 정보는 눈으로 보는 정보보다 훨씬 많다. '나는 당신이고, 당신은 나'이며 나와 타인이 하나라는 것을 온몸으로 느낀다. 지구상의 모든 사람과 마음이 이어지고 그들의 내면에 있는 기쁨과 슬픔, 걱정, 희망, 기대를 모두 내 일처럼 느낀다.

마음에는 사랑이 넘치고 큰 감동이 밀려온다. 이때가 되면 평소에 보이지 않던 다른 차원을 보게 되고, 사람들 옆에 죽은 사람의 영혼이나 육체를 갖지 못한 영적인 존재가 있는 모습이 보이기 시작한다.

▶ 4단계

지구상의 모든 사람과 하나가 되고, '나'라는 경계선과 형태가 완전히 사라져 우주와 하나가 되는 느낌에 사로잡힌다. 오감은 더욱 예민해져 오감을 초월한 감각으로 새로운 차원을 체험한다. 내가 자유자재로 형태를 바꿀 수 있는 유체가 되어 우주에 퍼져 있고, 원하면 어디든지 갈 수 있다.

4단계가 되면 눈에 보이는 현실의 차원과는 다른 차원을 체험한다. 소리와 이미지는 진동이 되고, 그 진동을 온몸으로 느낀다. 우주라는 아름다운 생명, 순수한 빛, 살아 있

는 빛, 투명하고 순수한 하얀 빛, 우주라는 무한한 사랑. 이
모든 것과 하나가 된다.

▶ 5단계

우주의 모든 곳에서 생명이 느껴진다. 의식을 가진 생명의
활동을 느낀다. 지구에 사는 인류만이 아니라 저 멀리 떨
어진 행성에 사는 모든 생명의 활동이 느껴진다. 그 존재
의 아름다움에 감동한다. 우주는 아무것도 없이 텅 비어
있는 공간이 아니라 '삶'으로 가득 채워져 있다. 우주와 하
나가 되면 굳이 가지 않아도 우주 어디든 볼 수 있다. 거리
에 상관없이 순식간에 이동할 수 있고 내키는 만큼 '무한
한 이동'이 가능하다.

다만 5단계에 다다르면 반드시 몸에서 경고가 울린다. '체
험을 계속하면 심장이 멈춘다.' 그 순간 일상의 현실로 돌
아오고 정신을 차려보면 양손과 양 무릎으로 바닥을 짚고
있으며 심장에 심한 피로를 느낀다. 아슬아슬하게 심장이
멈추기 직전까지 갔던 것 같다. 우주적 세계에 몇 분간 있
었는지는 감이 오지 않는다. 1초? 1분? 알 수가 없다.

우주와 하나가 되는 단계

시간이 존재하지 않는 세계

처음 우주적 세계를 체험했을 때 몇 분간 지속되었는지 알지 못했다. 사실 지금도 잘 모른다. 이 체험을 유지하려면 철저히 관찰자의 입장으로 있어야 한다. '유지한다'라는 말은 시간과 연결되는 개념이지만 우주적 세계에서는 '시간', 그 자체가 변한다.

'시간'이 아니라 '흐름'이 중심이 된다. 다시 말해 그곳에는 따로 떼어내어 잴 수 있는 '시간'이라는 개념이 존재하지 않는다. 체험을 할 때 1분이 지났는지, 한 시간이 지났는지, 체험 시간은 잴 수 없다. 시간 감각이 사라져 시간이 얼마나 흘렀는지 감도 오지 않는다. 시간이 존재하지 않는 세계를 체험하면서 비로소 평소에 내가 얼마나 시간에 지배당해왔는지 깨달을 수 있었다.

내 경험에 따르면 체험 중에는 시간 감각이 완전히 사라진다. 우선 '시간'이라는 개념이 사라지고 모든 것은 '지금'이 된다. 과거, 미래, 현재가 하나가 된다. 과거에서 미래를 향해 직선으로 흘러가는 시간 축이 사라지고 하나가 된다. 나는 가까운 지인들의 탄생과 죽음의 순간을 보고 나서 그것을 이해했다. 인생에서 가장 중요한 순간, 탄생과 죽음의 순간이 하나의 장면으로 눈앞에 나타났다. 그 장면을 보고 있으니 그들에 대한 사랑으로 가슴이 벅차올랐다.

평소에 우리는 아기의 탄생은 기쁜 일, 사람의 죽음은 슬픈 일로 받아들인다. 하지만 우주적 세계를 체험하고 나면 영혼의 입장에서 이 둘이 똑같은 현상으로 느껴지고, 둘 다 너무나도 아름다운 현상으로 보인다. 영혼이 육체를 가지기 전에 가졌던 희망과 흥분, 다양한 체험을 하고 다시 육체를 떠날 때 가지는 감사한 마음과 기쁨이 모두 아름답다. 사람이 죽을 때는 영혼이 육체를 떠나지만, 지금까지 쌓아온 경험과 넓은 인간관계로 마음은 가득 채워져 있다. 그 모습을 바라보는 나도 기쁨과 슬픔을 초월한 따뜻한 마음으로 그 죽음을 지켜본다.

시간이 존재하지 않는 세계

우주적 세계에서는 '시간'도 '삶과 죽음의 구별'도 사라지고 모든 일이 순간적으로 동시에 일어난다. 항상 '지금'이다. 영속적이며 영원한 '지금'. 소용돌이치는 힘이 중심이 되고, 나는 살아 움직이는 힘의 일부가 되어 전후좌우 360도로 모든 방향을 관찰한다.

이때의 느낌을 앞 표의 2단계에 '시간이 휘어지기 시작한다'라고 적었다. 4단계의 시간을 원으로 표시한 이유는 과거, 현재, 미래의 구분이 사라지고 원의 중심에 있는 것처럼 모든 방향이 동시에 보여 모든 일을 한꺼번에 볼 수 있기 때문이다. 즉 과거, 현재, 미래를 동시에 관찰할 수 있다. 정보의 양은 실로 놀라웠다. 방대한 정보가 마음속으로 흘러들어왔다.

체험이 끝나고 평상시 의식 상태로 돌아와 논리적으로 정리해보려고 했지만 방금 체험한 일, 시간, 관찰한 상황 등은 나의 3차원 뇌의 기능으로는 이해할 수도, 처리할 수도 없었다. 일상적 시간의 흐름으로 되돌아오면 처음에는 현재의 차원의 깊이가 너무나 얕아 어이가 없고 웃음이 나온다. 대학교 전공 수업을 듣다가 갑자기 초등학교 1학년 수업으로 돌아온 기분이었다.

이 기분을 화가라면 그림으로, 작곡가라면 음악으로, 시인이라면 시로 표현하려 할 것이다. 하지만 제아무리 일류 예술가들의 작품이라도 도저히 다른 사람에게는 전할 수 없는 답답함을 느낄 것이다. 그래서 꼭 많은 사람이 직접 체험해 봤으면 좋겠다. 특히 국가의 정치경제를 짊어진 수장들에게 권하고 싶다. 혹시 그들이 한순간이라도 우주적 세계를 체험한다면 자연을 파괴하거나 동식물을 죽이고, 전쟁을 일으키는 짓을 그만두지 않을까?

시간이 존재하지 않는 세계

'뇌의 목소리'와 '영혼의 목소리'

　체험을 거듭할 때마다 뇌의 반응 양상을 관찰하면서 조금씩 알게 된 사실이 있다. 나는 다시 '뇌'에 대해서 생각하기 시작했다. 내가 관찰한 바에 따르면 체험 중에는 뇌의 스위치가 꺼진다. 그리고 체험이 끝나면 뇌의 스위치가 다시 켜진다. 쉽게 말해 다시 뇌가 돌아가기 시작한다. 몇 단계에서 뇌의 스위치가 꺼지는지는 정확히 모른다. 아마 단계적으로 뇌의 상태가 바뀌는 것이 아닐까 추측한다. 반대로 우주적 세계에서 일상으로 돌아오는 과정은 급격히 일어나기 때문에 분명하게 알 수 있다. 대조적이라 비교적 관찰하기가 쉽다.

뇌의 스위치가 꺼진 상태에서 켜질 때까지의 과정, 즉 우주적 세계에서 일상으로 돌아오는 과정은 나의 애마 '프리우스(도요타의 차량 모델명 — 역주)'를 타고 부드럽게 달리고 있던 도중에 갑자기 차가 1940년에 나온 미국의 '지프'로 바뀌는 느낌이다. 그 차이가 상당히 충격적이다. 부드럽게 미끄러지던 자동차가 갑자기 꿀렁거리기 시작하고 주행 상태도 엉망이라 '이 차 이러다 서는 거 아닐까?' 걱정할 정도다.

그래서 항상 실망하곤 했다. '영혼'의 정보 처리량을 보고, 이에 비해 인간의 '뇌'가 얼마나 멍청한지 놀랐던 기억이 아직도 선명히 남아 있다. 마치 고성능 비행기를 조종하는 숙련된 조종사가 아이들 장난감 자동차를 운전하는 꼴이었다. 아주 흥미로운 발견이었다.

하지만 그렇다고 해도 뇌는 훌륭한 도구다. 주위 환경에서 받는 모든 자극을 정리해서 처리하고 그 상황을 우리가 이해할 수 있는 형태로 제공한다. 즉 구체적인 이미지와 장면을 조합해서 '의미'를 만들어낸다. 일상생활을 하고, 인간관계를 원만하게 유지하며 몸을 쓴다. 이 모든 일이 뇌라는 도구가 있기에 가능하다. 과거나 미래도 뇌가 취급하는 부분이다.

'뇌의 목소리'와 '영혼의 목소리'

뇌는 지금까지 경험한 적이 없는 일을 처리해야 할 때 새로운 체험을 과거의 경험 중 하나에 맞추려고 한다. 새로운 퍼즐 조각(완전히 새로운 경험)을 오래된 퍼즐 판(과거의 경험)에 끼워 넣으려고 하다 보니 뇌는 가끔 혼란을 겪기도 한다. 그럴 때 뇌는 대부분 다음의 세 가지 방법 중 하나로 대처한다.

1. 조각의 모양을 지금까지 했던 경험에 맞춰 바꿔서 끼워 넣는다.
2. 그 조각 자체를 부정하며 버린다.
3. 과거 경험의 구조를 재구성하고 새로운 조각이 들어갈 수 있도록 바탕이 되는 자신을 바꾼다.

뇌는 컴퓨터와 마찬가지로 안정성을 최우선으로 한다. 따라서 시간도 중요한 개념의 하나다. 지금까지 쌓아온 경험을 보존하고 싶어 하고 변화를 적대시한다. 그래서 사람들은 대부분 1번이나 2번과 같은 반응을 보인다. 뇌가 3번을 실제로 행하려면 미래를 내다보는 넓은 시점과 변화의 동기가 필요하다. 미지의 체험을 하게 되면 뇌는 과거의 경험 라이브러리나 데이터베이스에서 비슷한 양상을 찾고, 그 경험을 적용할 수 있는 적절한 '관점'이 있는지를 알아본다.

적당한 관점이 없으면 그 체험은 단순한 '착각'으로 처리될 가능성이 크다. 예를 들어 UFO를 목격하거나 외계인이나 영적인 존재에게 메시지를 받거나, 또는 집에서 갑자기 외계인의 존재가 느껴지는 초자연적 체험을 하면 처음에는 기묘한 사건으로 잠시 기억하겠지만, 얼마 지나지 않아 그냥 '꿈'이라던가 '기분 탓'으로 돌리며 뇌에서 처리해 버린다. 지금까지의 '관점'으로 처리할 수 없을 때는 이런 방법으로 뇌가 스스로 선을 넘지 않도록 막으며 뇌의 안정성을 유지하려 한다.

그렇다면 '관점'은 어떻게 설정될까? 관점에 따라 우리는 자기가 '이해할 수 있는 상황'과 '체험 가능한 범위'를 정한다. 따라서 관점은 문화에 따라서 크게 달라진다. 그리고 그 범위 안에서 이루어지는 데이터 처리를 뇌가 담당한다. 하지만 지금까지의 관점으로 이해할 수 없는 일이 일어나면 이때가 체험의 폭을 넓혀야 할 때이며 '영혼'이 나설 차례다.

뇌에서 처리할 수 없는 정보가 영혼에 흘러들어오면 지금까지 고려하지 않았던 관점이 시야에 들어올 가능성이 생긴다. 그렇게 조금씩 관점이 넓어지면 전에는 단순히

'기분 탓'으로 돌렸던 일들도 실제 겪은 일이 된다. 포인트는 지금까지 의식하지 않았던 자기 '관점'의 한계, 즉 경계 영역과 그 밖을 관찰해야 한다는 점이다. 그러면 의식의 경계 영역에서 벌어지는, 지금까지 경험한 적 없는 일들이 시야에 들어오게 된다.

오랜 시간 소중히 다져온 틀을 고치는 일은 쉽지 않다. 불안하고 용기도 필요하다. 수년에 걸쳐 노력하며 키워온 '나', 그 안에 언제 이렇게 완고한 고집이 생긴 걸까? 습관을 바꿔야 할까? 지금까지 내 경험들은 다 헛수고였을까? '나'라는 존재는 결국 착각일 뿐인가?

'나는 누구인가?'라는 질문에 '뇌=나'라고 대답하기도 한다. 인간은 생각하는 갈대, 즉 생각하는 자신이 바로 나라는 인간이라고 보는 견해다. 하지만 인생에서 어릴 때부터 뇌가 만들어 온 '나'는 진정한 '내'가 아니다. 애당초 육체를 가진 인간으로 태어나기로 결정한 존재는 영혼이다. 새로운 생명으로서 인간 체험을 통해 배워가는 존재도 영혼이며, 노화된 육체를 벗어 버리고 다음 여행을 준비하는 존재도 영혼이다.

결코 '나=뇌'가 아니다. 진정한 '나'는 육체와 뇌를 잘 활용해 현재의 물질적 차원을 체험하는 '나'를 초월한 존재이며, 그것이 바로 '영혼'이다. 마음으로 하는 이해와 뇌를 통해 머리로 하는 이해는 하늘과 땅 차이다. 마음으로 이해하면 내 영혼의 목소리가 들리고, 인간으로 태어난 본래의 이유와 결의가 더욱 명확해진다. 오랫동안 혼수상태에 빠져 있던 사람이 간신히 눈을 떴을 때의 느낌이다. '지금까지 나는 뭘 했던 거지?' 잔뜩 흐렸던 하늘이 활짝 개고, 태양이 얼굴을 내민 것처럼 모든 것이 또렷하고 선명해진다.

나는 초자연적 체험을 거듭하면서 '영혼의 목소리'와 '뇌의 목소리'를 구별할 수 있게 되었다. 영혼에게는 시간이란 개념이 존재하지 않는다. 영혼에게 물질적 존재는 아무 의미가 없지만, 인간으로서 배운 지식이나 사람들과 쌓아 온 관계성처럼 무형의 경험은 큰 보물이 된다.

육체는 그저 도구이며 일시적으로 형태를 가진 존재일 뿐이다. 감정, 특히 사랑은 영혼의 언어이며 우주와 이어주는 열쇠다. 영혼의 목소리가 들리기 시작하면 영혼이 주는 힌트가 마음에 들리고 영혼의 마음을 분명하게 알 수 있다. 마음을 통해서 영혼이 보내는 정보가 차고 넘칠 만큼 전해진다. 안정된 뇌의 차원과는 달리 영혼의 차원은 역동적이고 비물질적이어서 영혼이 주는 힌트는 대부분 뇌의 상상을 뛰어넘는다. 신선하고 새로운 색을 띤다.

'뇌의 목소리'와 '영혼의 목소리'

모든 사람이 서로 연결된 영혼의 차원에서는 다른 사람의 목소리나 속마음이 들리기도 한다. 사람들의 사랑, 걱정, 고통이 내 일처럼 느껴진다. 넓은 시점을 가진 영혼이 보는 광경을 우리는 볼 수 없으니 영혼에게 얻는 힌트는 무엇과도 바꿀 수 없는 귀중한 선물이다.

뇌가 처리하는 정보의 양이나 질과는 비교가 되지 않는다. 영혼은 우주의 흐름을 이해하기 때문에 시간과 관계없이 거의 모든 정보에 접속할 수 있다. 마음속에 있는 영혼과의 접속 포인트가 열리면 자기 영혼하고만 연결되는 것이 아니다.

모두가 연결되어 있는 영혼의 네트워크라는 바다에서 파도처럼 그 소리가 마음속에 울린다. 수많은 영혼의 생각과 마음, 이미지, 설명, 목소리, 결의가 전해진다. 우주는 정보를 그 파도에 태워 마음에 보내준다. 정보의 수신처는 결코 뇌가 아니다.

5장
가려진 질서

우주를 여행하다

 2004년 당시에는 초자연적 체험이 무엇인지, 아직 정확히 알지 못했다. 우주나 정신세계로 여행을 떠나는 방법의 하나가 아닐까 생각하기도 했다. 하지만 초자연적 체험을 시작하고 횟수를 거듭할수록 체험은 점점 깊이를 더해갔고, 프로그램이 진행되듯 내용이 조금씩 변해갔다.

 처음에는 '지구의 외침'이 주제였다. 그리고 '육체에 영혼이 들어가는 순간과 나오는 순간의 뜨거운 마음', '머리로 배우는 지식과 마음으로 배우는 지식의 차이', '나는 곧 생명이고, 생명은 바로 우주' 등의 다양한 주제로 변해갔다. 혹시 주제를 내가 정할 수 있을까 싶어서 '우주여행'이라는 주제로 초자연적 체험을 하려고 시도해보았다. 그러자 지금까지 겪어보지 못한 우주 체험이 시작되었다.

우주를 마음으로 체험하는 일은 초자연적 체험과 같다. 눈으로 보는 우주가 아니라 마음의 관점으로 보기 때문에 마음이 이끌리는 방향만 볼 수 있다. 초자연적 세계에 빠져 '내'가 사라진 순간, 나는 우주와 하나가 되어 우주의 파도를 타고 서핑을 하듯이 우주 속을 이동하기 시작한다. '이동'이라고는 했지만 이미 우주와 하나가 된 상태이기에 의식이 향하는 방향과 장소를 관찰할 수 있는 시점의 이동을 말한다.

마음으로 본 우주는 빛나고 있었다. 생명으로 빛나고 있었다. 우주 여기저기에서 생명의 숨결을 느낄 수 있었고, 수억 개의 영혼이 모여 있는 우주의 한 면을 몇 번이고 관찰했다. 초자연적 세계에서 보는 우주는 아무것도 없는 공허한 공간이 아니다. 공기가 없는 우주를 텅 빈 곳으로 보는 것은 인간의 견해일 뿐이다.

내가 본 우주에는 파도가 춤을 추고 있었다. 같은 방향으로 밀려오는 파도가 아니라 반대로 밀려갔다가 옆으로 밀려가기도 했다. 거대하고 엄청난 힘이 느껴졌다. 그중에서도 수억 개의 작은 빛이 특히 눈에 띄었다. 그것은 전부 의식을 가진 영혼이었으며 우주 여기저기에 모여 있는 이

우주를 여행하다

수억 개의 영혼이 바로 문명이었다. 의식이 빛나는 곳은 한두 군데가 아니라 셀 수 없이 많았다.

우주는 의식으로 빛나고 있었다. 그 모습을 보고 '외계인'이라는 말이 새삼 이상하다고 생각했다. 우주에서 우리는 모두 이어진 작은 빛이다. 우리 자신도 '외계인'이다. 인종도, 국경도 따지지 않는, 경계 없는 관점으로 보면 외계인과 인간의 구별은 가당치도 않다.

어느 정도 시간이 지나자 우주를 여행하고 싶은 생각은 사라졌다. 우주는 밖에 있는 공간이 아니라는 사실을 깨달았기 때문이다. 우주 그 자체가 의식을 가지고 다양한 체험을 하고 있다. 그중에는 인간으로 사는 체험도 포함된다.

다시 말해 우리는 '인간' 체험을 하는 우주다. 이 생각은 그날 내 마음의 일부가 되었다. 자전거를 탈 수 있게 되면 타지 못했던 때의 나로는 돌아갈 수 없는 것과 마찬가지로 내가 우주, 그 자체라는 사실을 깨닫고 나니, 이 사실을 몰랐던 나로는 돌아갈 수 없었다. 그런 느낌이 들었다.

우주적 세계로 가는 길을 지웠던 날

스스로 우주적 세계로 들어갈 때 무엇보다 중요한 점은 바로 '의도'다. '어떤 것이 보고 싶다', '어떤 느낌인지 시험해보고 싶다' 정도의 호기심으로는 안타깝지만 체험하기 어렵다. 우주와 하나 되는 체험은 다른 차원의 문을 여는 열쇠라 할 수 있으며, 무언가를 배워야 할 때 영혼이 그 열쇠가 되어 다른 차원의 문을 열기 때문이다.

우주적 세계를 체험하고 싶은 욕구는 뇌에서 유래한 얄팍한 흥미에 지나지 않으며, 그것이 추구하는 이상적인 마음의 형태와는 다르다. 물론 흥미가 생기는 것은 당연하지만 흥미에서 시작한다면 적절하지 않다. 우주적 체험은 몸과 마음 전체로 하는 체험이다. 떨어져서 모습을 지켜보는 체험이 아니다. 사람의 마음과 우주가 하나가 되는 살아 있는 체험이다. '오늘은 오후 4시쯤이 한가하니까 그때 체험해봐야지.' 이런 식으로 생각할 수 있는 문제가 아니다.

우주적 체험을 하려면 우선 자신의 실제 의식과 영혼이 깊고 친밀한 관계여야 한다. 그래야만 영혼이 원하고 필요로 하는 것을 마음을 통해 들을 수 있다. 영혼의 표현 방법은 다양해서 작은 목소리일 때도 있고 감각이나 느낌, 기분이나 직감, 예감 같은 형태로 전해질 때도 있다.

나는 기분이나 직감을 통해 영혼이 원하는 바를 들었다. 마치 파도나 바람처럼. 등 뒤에서 파도가 밀려오거나 갑자기 산들바람이 불어오는 느낌이어서 항상 깜짝 놀라곤 한다. 영혼이 무엇을 원하는지는 몇 년이 더 지나고 나서야 알았다. 처음에는 막상 그 세계에 들어가도 그다음에는 어떻게 해야 하는지, 무슨 일이 벌어질지, 아무것도 알지 못했다.

어느 날 할 일이 없어서 문득 우주적 세계에 들어가 그 느낌이라도 즐겨볼까 생각한 적이 있었다. 그 순간 마음속에서 모순이 생겼다. 내 요구와 우주적 차원이 맞물리지 않았다. 처음이었다. 내 이기적인 마음이 그 세계를 더럽힌 것 같았다. 우주적 세계로 들어가는 체험은 어디까지나 신성한 체험이며 배우거나 조정할 수 있는 것이 아니다.

언젠가 우주적 세계를 체험하던 중 빛나는 액체가 내 머리 위에서 엉덩이까지 지나간 적이 있다. 그 액체는 하얀 빛을 내고 있었으며 마치 의식을 가진 우주가 몸 안을 통과한 듯한 느낌이었다. 왜 저런 하얀빛을 내는 액체가 내 몸을 통과해 지나갔을까?

나는 나 자신을 관찰하기 시작했다. 어쩌면 이 체험 덕분에 사람과 세상을 향해 넓게 펼쳐졌던 내 의식과 공감 능력이 일상적 현실을 살아가면서 점점 좁고 편협해진 탓인지도 모른다. 깨끗한 물이 흘렀던 수도관도 시간이 지나면 더러워져서 때때로 파이프 속을 청소해야 하듯이, '나'라는 파이프에도 때가 껴서 빛이 지나가기 어려워지니 강제로 씻어낸 것은 아닐까?

실제로 빛나는 액체가 지나간 후에 나는 육체적 고통을 느꼈다. 나는 더는 우주적 세계로 들어갈 수 없는 상태가 되었다는 사실을 깨달았다. 마음의 청소가 필요했다. '언제 이렇게 더러워졌을까.'

또 한 가지 걸리는 점이 있었다. 우주적 세계는 '안정'을 바라는 뇌의 기대와는 정반대로 항상 '변화'한다. 정해진 형태가 없고 항상 변한다. 살아 움직이는 우주와 똑같다. 내가 반복적으로 초자연적(우주적) 체험을 시도했던 것도 어느 정도는 뇌의 기대에 따른 행동이었다. 같은 현상을 같은 형태로 반복해서 습득하는 행동. 하지만 초자연은 야생동물과 같아서 자연 속에서 환경과 조화를 이루며 살아간다. 본능에 따라서 목적지가 달라지고, 우주의 균형을 따른다.

　그래서 그날 우주적 세계를 떠나기로 했다. 그곳으로 들어가는 방법을 잊겠다고 결심한 그 순간을 나는 지금도 잊지 못한다. 그 결심은 마음속 깊은 곳에서 울려왔다. '지금 내 마음은 우주적 세계를 체험하기 위한 이상적인 상태가 아니다. 다 잊고 다시 한번 다른 방법으로 그곳에 도달해보자.' 그리고 마음속에 새겨진 우주적 세계로 가는 길을 지웠다.

　실제로 기억을 지울 수도 없지만, 그날 지운 것은 기억이 아니었다. 내 몸 안에 새겨져 있던 '길'이었다. 우주적 체험을 할 때 어떤 에너지가 이 길을 지나서 마음에 도달한다. 그러면 그 에너지의 강한 힘에 마음이 열리고 반짝이기 시작한다. 지금까지 수도 없이 이 현상을 관찰해 왔던 그 '길'을 지웠다. 내 의지로 정한 일이니 거부감이 들지도, 실망하지도 않았다. 이 선택이 현재 가장 올바른 일이라는 확신이 들었다. 이제부터 내 인생의 새로운 장이 시작된다.

그날 나는 다시 태어났다. 새로운 내가 태어났다. 느낌으로 알 수 있었다. 안쪽 깊숙한 곳에 있다가 겨우 밖으로 나온 듯한 느낌이었다. 늘 밖으로 나오고 싶었던 내가 드디어 나왔다. 살아 있다는 감각을 처음 느끼는 기분, 완전히 새로운 나였다.

우주적 세계로 가는 길을 지웠던 날

다차원적 감각으로 살아가다

우주적 세계로 가는 '길'을 지워버린 이후 한동안 앞으로 어쩌면 좋을지 몰라 계속 고민했다. 물론 그 세계가 너무나 그리웠고 몇 번이나 다시 돌아가고 싶었다. 특히 체험을 할 때 제일 처음 통과하는 1단계와 2단계가 제일 그리웠다. 이 단계는 아직 뇌가 관여할 수 있는 단계라 내 안에 기억이 남아 있었고, 문뜩문뜩 그 기억이 되살아났다 (다음 단계부터는 우주적 세계로 들어가야 기억이 난다).

그리움은 과거에 대한 향수이며, 시간의 차원을 파악할 수 있는 존재는 결국 뇌다. 일단 '시간'을 초월한 차원으로 이동하면 그다음은 영혼이 관여하기 시작한다. 우주적 세계를 처음으로 체험했을 때 아직 대학생이었던 나는 여러 가지 의미에서 미숙했다. 사회 경험도 적었고 인간관계의 복잡함이나 일을 하는 과정에서 습득한 기술도, 국가나 지구의 미래를 짊어질 책임감도, 모든 것이 어중간한 상태였다. 말하자면 사회에 나오기 전의 준비 기간이었다.

의도적으로 우주적 세계로 들어가는 일을 그만두고 난 후, 그때까지 그 세계와 영적인 차원에서 익힌 초감각을 일상생활에 어떻게 반영하면 좋을까, 유용하게 활용할 수 있는 방법이 없을까 매일 스스로 묻고 또 물었다.

이 황홀한 경험을 언젠가 주변 사람들과 함께 나누고 싶었고, 알려주어야 한다고 생각하기 시작했다. 이 체험은 나 혼자만이 아니라 많은 사람과 '공유'해야 한다고 마음속 깊이 느꼈고, 이를 바라는 영혼의 목소리가 내 안에서 계속 울렸다.

그러려면 내 정신성과 영적인 품성을 높이고, 평소 생활방식이나 마음가짐에 주의를 기울여서 인간으로서 더 성장해야 했다. 확실히 나는 그 체험 덕분에 영적으로는 사랑이 넘치는 인간이었다. 하지만 사회인으로서의 나, 이 세상에서의 나는 아직 미숙한 젊은이일 뿐이었다. 라디오 주파수처럼 영적인 차원의 나와 일상의 미숙한 내가 다른 파장으로 존재했다.

다차원적 감각으로 살아가다

이런저런 생각을 한 끝에 사회인으로서 미숙한 나는 우주적 세계에서 한 체험을 활용해 이 세상에 도움을 주기에 부족하다는 결론에 도달했다. 그 체험을 더 유용하게 활용하려면 영혼이 좀 더 자유롭게 표현할 수 있는 공간을 내 안에 만들어야 했다. 즉 일상생활의 '내'가 영혼처럼 '다차원'을 볼 수 있는 존재가 되지 않으면 물질적 현실 세계와 영적 세계를 잇는 다리가 될 수 없다.

초자연의 세계는 다차원의 다층 구조로 되어 있어 우주와 영혼과 같이 눈에 보이지 않는 에너지체가 존재하는 차원의 층도 존재한다. 하지만 지구상에 존재하는 인간의 의식과 생활은 대부분 물질적인 3차원이라는 한 층에만 자리 잡고 있어서 일부러 다차원 감각을 의식하지 않으면 압도적 다수를 차지한 물질세계 속에 매몰되어 버린다. 그렇게 되면 초자연적 감각은 바로 사라질지도 모른다.

우주와 하나 되는 체험은 어떤 의미에서 외국어 학습과 비슷하다. 지금까지 상상도 해본 적 없는 관점에서 생각한 적도, 본 적도 없는 현상, 들어본 적 없는 소리와 조금씩 가까워진다. 새로운 언어를 배우면 관점이 넓어진다. 지금까지 보이지 않았던 것이 보이고 읽지 못했던 책의 내용이나 사람들의 대화를 확실하게 이해할 수 있다. 전혀 몰랐던 세상이 눈 앞에 펼쳐지고 새로운 정보가 대량으로 흘러 들어온다.

나는 다차원 감각을 키우기 위해 2004년부터 중국어를 공부하기 시작했다. 10대 때 독학으로 일본어를 공부하면서 먼 동양 문화의 영향을 받아 생각이 유연해졌던 경험이 있었다. 그래서 다시 새로운 관점과 유연성을 얻고자 새로운 언어를 배우기로 했다. 동시에 소르본대학에서 전공하던 인류학에 더해 다른 대학에서 언어학도 공부하기 시작했다.

대학 졸업 후에는 두 가지 일을 하면서 돈을 모았고, 2년 후에 대만의 담강대학 프랑스어 조교수로 부임했다. 낮에는 대학에서 프랑스어를 가르치고, 밤에는 중국어 학원에 다녔다. 타국 생활은 처음이어서 대만에서 보낸 날들은 내게 아주 큰 도약의 기회가 되었다. 그리고 귀국 후에 중국어를 활용할 수 있는 일을 찾아 취직했다.

이렇게 여러 문화의 영향을 받고 여러 언어를 사용하며 생활하자 다차원 채널을 가진 사람으로 성장했고, 프랑스인 줄리앙이라는 '개인'의 벽이 점점 얇아져 갔다. 나는 영혼을 위한 여러 개의 '창'을 만드는 과정이었다고 생각한다. 다차원 존재인 영혼은 하나의 고정된 생각이나 의식에

얽매이면 자유로운 표현을 하지 못한다. 언어뿐만 아니라 새로운 세계를 접하고 다른 관점이나 견해를 배우는 일은 다차원적 인생을 형성하는 데 큰 도움이 된다.

　그렇다면 '다차원적 인생'이란 무엇일까? 내가 관찰한 바에 따르면 영혼은 영원한 유연성을 가졌고. 어떠한 상황에서도 공감(감정이입)하며 극복해 나갈 수 있는 존재였다. 그러한 영혼의 힘을 현실 세계에서 표현하려면 '안정' 보다 '변화'를 기본으로 한 사고방식이 필요하다. 물질 차원에 있는 지금의 인생은 모든 것이 변화를 거듭하고 영속적이지 않다고 생각해야 한다. '물질은 항상 변화한다'라는 본질을 잊지 말자.

뇌와 전투를 시작하다

한때 집중적으로 체험하던 우주적 세계를 그 후 몇 년 동안은 어렴풋이 떠올리기만 했다. 언어를 초월한 체험을 어떻게 표현하면 좋을까. 말로 하든 그림으로 그리든, 3차원 세상에 존재하는 한정된 표현 방법으로 이 경험을 어떻게 정리해서 표현하면 좋을지 암중모색을 거듭했다. 결국 나의 체험을 표현할 수 있는 단어가 하나, 하나 나타나기 시작했다.

한마디로 표현하면 그 체험은 '우주와 하나 됨' 체험이라 해야 할까? 아니면 신비한 체험? 궁극의 체험이라 해야 할까? 어떤 표현이 가장 어울릴까? 그것만으로도 꽤 고민했다. 우주와 하나 되는 체험은 성취하거나 목표를 내걸고 도달해야 하는 골인 지점이 아니고, 이미 존재하고 있었던 다차원 세계를 깨닫는 방법의 하나라고 생각했기 때문이다.

개인의 차원을 초월한 세계. 처음에는 많은 정보량과 새로운 느낌에 압도당했다. 하지만 체험을 거듭해가면서 조금씩 익숙해지고 점차 몸에 익으면서 그것은 나의 일부가 되었다. 체험을 통해서 나는 뇌라는 기관의 입장을 확실히 이해하게 됐다.

앞에서도 말했지만 '뇌'는 내가 아니다. 나라는 존재는 뇌와 몸을 도구로 사용하는 물질 차원을 초월한 '영혼'이라는 사실을 확실하게 알았다. 영혼이 목적을 가지고 물질 차원에 모습을 드러내기로 정했기 때문에 지금 내가 여기에 있다.

뇌는 영혼이 목적을 달성할 수 있도록 지지하고 도와주는 역할을 담당한다. 여기서 의문점이 하나 생긴다. 그렇다면 뇌는 영혼의 목소리를 들을 수 있을까, 없을까? 아니면 듣지 않기로 한 걸까? 우리가 스스로 자기 자신에게 물어보아야 한다.

초월적 세계를 경험할 때마다 나는 뇌의 한계를 느낀다. 무엇보다 뇌가 만든 '시간'이라는 개념은 우주적 세계에는 존재하지 않는다. '나'라는 존재의 사회적 입장과 개인의 정체성은 우주적 차원에서는 아무런 의미도, 근거도 없다. 돈이나 직업, 사회적 위치나 직위도 허무하게만 느껴진다.

남아 있는 감정은 '사랑'뿐이다. 아무런 조건도, 제한도 없이 지금까지 한 번도 느껴본 적 없는 크고 순수한 사랑. 사랑밖에 없는 상태다. 이 사랑을 경험한 후에 나는 다시는 전과 같은 인간으로 돌아갈 수 없었다. 이 사랑으로 나는 근본부터 달라졌다.

인생의 우선순위가 완전히 바뀌고 말았다. 이 사랑 덕분에 나는 다시 태어났다. 그리고 나는 가능한 한 많은 사람에게 이 사랑과 영혼의 차원을 알려야겠다고 생각했다. 우주의 파동을 어떻게든 세상 사람들에게 알려야 했다. 우주의 파동을 널리 알리면 현재 세상의 파동을 더 높일 수 있다는 희망이 생겼다. 하지만 어떻게? 어떻게 '우주의 파동'을 사람들에게 알릴 수 있을까?

순간, 갑자기 이런 말이 떠올랐다.

'남을 바꾸려면 자신부터 바꿔라.'

이 말은 처음 일본에 갔을 때의 추억과 관련된 말이다.

뇌와 전투를 시작하다

1997년에 일본에 갔을 때 나는 아직 일본어가 서툴러 떠듬떠듬 말하는 수준이었다. 체류 중에 일본 신문을 읽어보려고 요미우리 신문을 샀다. 하지만 어휘력이나 이해력이 부족해서 단어는 알아도 문장은 대부분 이해하지 못했다. 그래서 쉽게 읽을 수 있는 단문을 찾아서 신문을 훑었다. 그때 이런 문장이 눈에 들어왔다.

'나를 바꾸면 세상도 바뀐다.'

신문의 모든 페이지를 통틀어 이 문장만이 기억에 남았다. 나는 우주적 체험을 통해 파동과 에너지의 역동적인 움직임, 영혼이 느끼는 기분과 이미지를 엿볼 수 있었다. 또한 우리는 모두 이어져 있고, 파동과 에너지를 서로 주고받는다는 사실도 배웠다. 따라서 내가 나를 바꾸면 나 자신이 우주의 에너지를 중계하는 매체가 될 수 있다고, 나는 그렇게 생각했다.

나는 나를 바꾸기 위해 뇌와 전투를 시작했다. 전투라는 말은 조금 과장이지만 뇌의 반응, 뇌의 생각, 뇌가 하는 말을 철저하게 관찰해서 뇌의 표현 방법을 하나하나 파헤쳐 보기로 했다. 때로는 뇌를 조롱하거나 "바보 같다."라고 말한 적도 있다. 영혼과 뇌를 분명하게 구분해서 머릿속에 영혼을 위한 공간을 만들기 위해서였다. 그러자 머릿속에서 뇌를 관찰하는 내가 시끄럽게 떠들기 시작했다.

'나는 왜 이걸 이렇게 보는 걸까?'
'이것보다 더 이해되는 시점이 있지 않을까?'
'지금의 판단은 뇌가 내렸어. 이건 아니지.'
'이 긴장감은 어디서 오는 걸까?'

뇌가 전해주는 정보를 냉정하게 관찰하자 뇌가 서서히 조용해졌다. 뇌가 조용해지면 점차 희미한 영혼의 목소리가 들린다. 이렇게 영혼의 차원으로 들어가는 문이 열리기 시작한다. 영혼의 목소리뿐만 아니라 타인의 마음이나 감정, 수호령의 메시지도 계속해서 들린다.

그렇게 해서 나는 일상 세계와 우주적 세계, 그 경계에 선 나날을 보냈다. 그런데 모래시계처럼 두 차원을 이어주는 좁은 공간에 서 있던 나는 계속해서 들어오는 정보량에 점차 포화상태가 되어 갔다. 우주적 세계에서 1분 동안 받는 데이터양을 백과사전 한 권 분량이라고 하면 뇌에서 처리 가능한 양은 고작 한 페이지 정도다.

뇌가 전화선을 사용한 인터넷망이라면 영혼은 광섬유를 사용한 인터넷망이라고나 할까. 또한 외계인이나 육체

뇌와 전투를 시작하다

를 가지지 못한 영적인 존재들도 초자연의 차원에 속해 있었고, 가끔 그들에게서 받는 몇 초 분량의 데이터만으로도 포화상태가 되어 머리가 멍해지곤 했다. 때때로 나는 이 두 차원 사이에 서서 어떻게 조화를 이루어야 할지 고민했다.

내 안에 영혼을 위한 공간을 만들어두면 우주가 찾아온다. 우주는 다양한 형태로 나를 찾아왔다. 외계인일 때도 있고, 수호령이나 자연계의 정령일 때도 있었다. 모두 각자의 표현 방법으로 우주적 차원에서 조건 없는 사랑과 희망을 전해주었다. 내 안에 우주와 이어진 공간이 생기자 그들이 보여주는 희망과 사랑을 외면할 수 없었다. 그 희망과 사랑은 현재 주어진 인생을 최선을 다해 살아갈 수 있는 힘이 되었다.

우주라는 영혼의 차원에서는 '나', '타인', '우주'라는 개념의 구분이 없다. 뇌는 현실을 잘게 쪼개서 보지만, 의식을 확장해서 도달하는 초자연의 우주에서는 '나', '타인', '우주'가 하나이며 같은 관점이다. 인간의 가능성을 넓혀주는 도구인 우주적 세계를 모두가 체험했으면 좋겠다.

물론 그다음은 그 사람 하기에 달렸지만…. 우주 의식은 우주의 무한한 가능성을 여는 문이다. 하지만 가장 중요한 사실은 우리가 이미 우주와 하나이며, 우리는 우주와 협력하며 사는 생명이라는 점이다. 이 사실을 잊지 말아야 한다.

나는 프랑스에서 태어났고, 기본적으로 특정 종교를 믿지 않는다. 가톨릭 계열의 초등학교를 5년간 다니며 예수의 인생과 가톨릭의 기본적인 지식을 배웠지만, 기독교인은 아니다. 예수가 실제 역사 속에 존재했던 사람인지 아닌지 나는 모른다. 존재했을지도 모르고 그렇지 않을지도 모른다.

이런 종교관을 가진 내가 우주적 세계를 체험했다. 인간으로서 느끼는 사랑을 초월한 차원이며 황홀한 기분이었다. '기분'이라는 단어로는 다 표현할 수 없다. 더 강하고, 모든 것을 포용하며, 모든 것에 존재하는 순백의 빛으로 나타난 '사랑'이다.

이 사랑의 존재만으로 내 마음은 두 동강이 났다. 사랑의 강인함에 쓰러지고 무릎이 꺾여 그 자리에 털썩 주저앉아 그저 목소리를 높여 통곡할 수밖에 없었다. 만약 내게 종교가 있었다면 이 사랑을 성서나 교전에 쓰여 있는 신의 사랑, 신의 재림으로 해석했을지도 모른다.

하지만 내가 경험한 우주적 세계는 사랑을 바탕으로 지

뇌와 전투를 시작하다

구, 우주, 외계인, 수호령, 자연계 등 모든 존재가 관련되어 있었다. 의식이 합쳐지는 느낌이 전체에 퍼지고, 모두가 서로 이어져 거대한 네트워크를 구축했다.

모든 존재가 살아 움직이는 우주의 일원이며 우주라는 거대한 네트워크에 속해 있었다. 서열은 전혀 존재하지 않았다. 나를 찾아왔던 외계인이 고도의 의식과 높은 파동을 가진 상층부의 존재이고, 내가 하층부에 사는 덜 진화된 생명체라고 느낀 적은 한 번도 없었다. 오히려 '우주'라는 훌륭한 네트워크로 모두가 이어져 있으며, 우리는 우주의 작은 일부인 동시에 우주 전체를 담고 있었다. 이 체험을 말로 표현하면 본래의 차원이 사라져 버리는 느낌이 든다. 모두가 이어진 상태가 우주다. 나는 그런 '우주'를 체험했다.

우주적 세계를 체험했을 때 본 '연결'에서 '아름다움'을 느꼈다. 이 아름다움에 대한 감사로 마음이 가득했다. '가득'이라기 보다 감사하는 마음이 흘러넘쳤다는 표현이 더 정확할지도 모르겠다. 감사와 행복, 그리고 극한의 아름다움에서 느낀 감동이 하나가 되고 그 진동이 마음을 강하게 흔들었다.

일상으로 돌아오면 가슴 속 깊은 곳에 새겨져 평생 잊을 수 없는 이 경험 때문에 얼이 빠져버렸다. 머리로 하는 해석은 나중 일이었다. 조금 진정이 되면 그다음은 뇌의 독백이 시작되었다.

'방금 그건 뭐였지?'

'무슨 의미였을까?'

'이제 어떻게 해야 할까?'

뇌는 우주적 세계와 다른 차원에서 작동한다. 체험을 하는 중에는 뇌가 차단되고, 뇌가 움직이는 중에는 체험을 할 수 없다. 물과 기름처럼 아무리 섞으려고 해도 섞이지 않는다. 우주적 차원과 뇌는 항상 엇갈린다.

뇌는 과거, 현재, 미래를 계산하는 슈퍼컴퓨터이며 일상생활에서 가장 필요한 존재임은 틀림없다. 하지만 여기서 다시 한번 강조하자면 내가 '나'라고 생각하는 나는 뇌가 만들어낸 존재다.

진정한 '나'는 비국소적non-local이며 시간이나 공간에 구속되지 않는, 육체의 죽음을 초월한 존재다. 비국소적 의식을 가지고 살고 싶다면 우선 자기 자신을 유심히 관찰해 뇌가 만들어 낸 자신과 영혼의 자신을 구분해야 한다.

그러려면 자기 내면에 자리 잡은 모든 생각과 감각, 기

뇌와 전투를 시작하다

분을 항상 객관적으로 내려다보며 관찰해야 한다. 아침에 눈을 떠서 밤에 잠들 때까지 계속 지켜보며 그 '근원'을 하나하나 확인한다. 뇌가 생각한 것인지, 타인의 의견이나 감상에 관한 기억인지, 영혼이 보낸 메시지인지, 아니면 육체가 보낸 경고인지, 우주적 존재나 수호령의 조언인지를 확인해야 한다.

그런 식으로 '나'에게 일어나는 모든 일의 근원을 확인하면, 어떤 것이 비국소적인 차원에서 온 메시지인지 판별할 수 있다.

개인의식에서 집합의식으로

　동서냉전 시대에 미국과 소련은 다양한 분야에서 서로 경쟁했다. 농업 생산량, 무기 개발, 인류 최초의 달 착륙, 모든 일이 자본주의와 사회주의 중 어느 쪽이 옳은지 세상에 보여주기 위한 수단이었다. 인간의 초능력 연구를 둘러싸고도 미국과 소련은 경쟁했다. 1970년 당시 관련 연구를 미국에서는 CIA가, 소련에서는 KGB가 담당했다. 주된 목적은 적국의 비밀 군사기지가 어디에 있고, 무엇을 하는지를 알아내는 것이었다. 또한 상대 국가 측 중요 인물의 정신 상태를 원거리에서 조종하는 첩보활동에도 초능력이 이용되었다. 또한 두 나라는 자국에서 적국의 정보를 알아내는 원격투시Remote Viewing 수법도 열심히 연구했다.

미국에서 이 연구를 주도했던 사람은 러셀 타그^{Russell Targ} 박사와 해롤드 푸토프^{Harold Puthoff} 박사였고, 그들은 뉴욕에 사는 잉고 스완^{Ingo Swan}이라는 화가와의 만남을 계기로 초능력 연구에 몰두하게 되었다. 두 박사는 잉고가 센서의 온도를 원격으로 바꿨다는 과학 기사를 읽고 그의 초능력 연구에 뛰어들었다. 두 박사가 잉고와 함께 어떤 식으로 초능력 연구를 했는지는 20년 후에 책으로 출판되었다(러셀 타크, 해롤드 푸토프 공저《Mind-Reach》). 잉고는 두 박사에게 원격투시 방법을 가르쳐주었고, 두 사람은 CIA가 고른 병사들에게 그 기술을 가르쳤다. 지금도 CIA에는 원격투시 팀이 존재한다고 한다.

잉고의 말에 따르면 정확도가 높은 원격투시를 하려면 머릿속의 잡음을 제거하고, '의식은 시간과 공간의 제한을 받지 않는다'고 인식해야 한다. 즉 시간과 공간에 제약을 받지 않는 비국소적 상태의 의식을 유지해야 한다. 타그 박사는 "드디어 '시간'과 '공간'이라는 인간의 제한을 뛰어넘는 시대가 도래했다."라고 말했으며, 비국소적 의식은 신체(또는 뇌)에서 발생하는 것이 아니라 신체를 초월한 '시간과 공간의 제한을 받지 않는 상태'에서 발생한다고 지적했다.

잉고는 원격투시 능력은 머릿속 잡음의 제한을 받는다고 말했다. 만약 그 잡음(해석, 판단, 평가, 분류와 같은 뇌의 활동)을 끌 수 있다면 '초능력'이라는 비국소적 의식을 사용하는 기술을 단련할 수 있다고 했다.

잉고의 말은 내 마음에 강하게 울렸다. 우주적 세계에 있을 때 나는 그와 같은 현상을 여러 번 보았다. 잉고가 말한 머릿속 '잡음'을 제거하면 우리는 비국소적 의식(다시 말해 영혼)과 이어질 수 있다. 거기에 열쇠가 있었다.

돌이켜 생각해보면 내가 어릴 적부터 겪었던 체험은 비국소적인 차원과 이어지기 위한 훈련이 틀림없었다. 그때 뇌가 다루는 세계와 영혼의 비국소적 차원을 이어주는 문의 열쇠를 받았던 것이다.

2006년 어느 날 밤. 나는 강한 경고를 느끼고 잠에서 깨어났다. 누군가가 아파트에 들어왔다는 느낌이 강하게 들었다. 내 의식은 몸에서 빠져나와 있었다. 누군가가 내 의식을 몸에서 끄집어낸 듯한 기묘한 느낌이었다. 방안에 물이 가득 차 있는 것처럼 내 의식이 그 안에 떠 있었다. 특정 방향을 보는 것만으로도 굉장한 집중력이 필요했다.

개인의식에서 집합의식으로

그때 누군가 방으로 들어왔다. 그는 예전에 내가 느꼈던 '외계인'이었다. 다만 이때는 몸에서 빠져나온 의식의 상태로 외계인을 보았다. 외계인은 남성인 듯했다. 키는 약 170cm 정도에 머리카락이 하나도 없었다. 큰 눈으로 나를 바라보며 가까이 다가왔다. 이때 이미 나는 공포로 의식이 얼어붙어 있었다. 그가 왜 나타났는지 이유도 모른 채 나는 그를 향해 의식을 집중했다. 되도록 멀리 떨어지고 싶다고 생각했지만, 그에게 가까이 다가갈 수밖에 없었다. 나는 그의 눈과 고작 2cm 정도 떨어진 가까운 거리에서 그와 대치했다.

피부가 깨끗한 파란색이었고 눈동자는 인간과 같은 형태로 은회색이었다. 그리고 그의 눈에서 나오는 의식이 내게 강한 인상을 남겼다. 그 눈으로 내 마음속 깊은 곳까지 꿰뚫어 보는 듯했다. 그런 느낌이 드니 참을 수 없이 부끄러웠다. 그는 그저 나를 바라보기만 할 뿐 아무런 평가도 표현도 하지 않았다. 계속 완벽하게 중립적 태도를 유지했다. 하지만 내 모든 것을 꿰뚫어 보는 그에게는 아무것도 숨길 수 없었다. 내가 너무나 더러운 인간처럼 느껴졌다.

그들의 눈 속에는 거대한 우주가 펼쳐져 있었다. 우주 전체를 비추고 있는 듯한 완전히 다른 차원이 있었다. 그 후에 무슨 일이 있었는지는 잘 모르겠다. 안타깝지만 기억이 나지 않았다. 지금도 생각나지 않는다.

이날의 만남을 계기로 다음 날부터 3일 정도 내 파동이 영향을 미치는 범위가 넓어졌다. 육감도 예민해졌다. 마치 다른 행성에 갔다가 돌아온 듯한 느낌이 계속됐다. 먼 이국을 여행하고 돌아온 직후 항상 익숙하던 일상이 다르게 보이는 것과 비슷한 느낌이었다. 다만 그 느낌과 다른 점이 있다면 온몸의 파동이 달라졌다는 사실이었다.

게다가 그날 인상적이었던 그의 '방문'을 체험한 사람은 나 혼자만이 아니었다. 때마침 코네티컷주 출신 미국인 친구가 우리 집에 있었다. 그날 밤 그도 갑자기 어떤 경고를 느끼고 잠에서 깼고, 영혼이 몸에서 빠져나왔다. 그의 영혼은 방 천장까지 날아 올라가 '망토를 두르고 모자를 쓴 누군가가 방에 들어온 것'을 보았다. 방에 침입한 '누군가'로부터 거대한 의식을 느끼고 두려움에 휩싸였지만, 그 후의 기억은 나지 않았다.

다만, 인간이 아닌 존재가 내 아파트를 방문했다는 사실만은 다음 날에도 분명히 기억하고 있었다. 초자연적 현상을 처음 겪었던 그 친구는 지금도 인상적인 사건으로 그때를 상세히 기억하고 있다고 한다.

개인의식에서 집합의식으로

그 친구의 이름은 크레이그다. 2006년에 파리에서 알게 된 친구인데 우연히도 임사체험에 대한 지식이 많았다. 크레이그는 파리에 오기 전에 코네티컷주립대학에서 임사체험을 연구하는 심리학자 케네스 링Kenneth Ring 박사의 조수로 일했다. 그곳에서 임사체험을 한 사람들의 인터뷰를 준비하며 그들의 공통점을 찾아 링 박사와 연구 해석을 두고 토론을 거듭해 왔다. 80년대 후반에 크레이그는 임사체험 연구의 최전선에 있었다.

1992년에 케네스 링 박사는 《The Omega Project》라는 책을 출간했다. 이 책에서 링 박사는 UFO 목격 체험과 임사체험의 양상, 체험자들의 그 후 인생과 생각의 변화를 비교해서 UFO 목격과 임사체험은 같은 목적으로 발생할지도 모른다는 결론에 도달했다. 그전까지는 UFO나 외계인을 만난 경험과 임사체험이라는 현상 사이에서 아무런 관련성을 찾아내지 못했기 때문에 링 박사의 책은 큰 반향을 일으켰다. 나는 이 책을 UFO를 처음 목격했을 때쯤에 읽었는데, UFO 목격과 임사체험에 대한 링 박사의 해석과 이런 현상이 일어나는 요인 및 결과에 대한 견해가 매우 신선하다고 생각했다.

링 박사의 말에 따르면, UFO 목격 체험이나 임사체험을 한 사람들은 공통적으로 다음과 같은 인격적 변화를 겪는

다고 한다.

1. 타인에 대한 배려심이 깊어진다.
2. 있는 그대로의 자신을 수용한다.
3. 생명에 대한 경외심을 가지고 환경 문제와 생태계에 큰 관심을 보인다.
4. 물질적 욕구보다 정신적 풍요로움을 추구하게 된다.
5. 정신적인 지식에 큰 관심을 보인다.
6. 죽음에 대한 공포가 완전히 사라진다.

나는 여기에 한 가지 변화를 더 추가하고 싶다. 이 체험을 통해서 영적 존재에 대한 감각이 열려 영감이 높아진다는 점이다. 링 박사가 주장한 대로 UFO나 외계인을 만나는 체험이든, 죽음의 문턱까지 갔다오는 임사체험이든, 모두 우리를 다음 차원으로 끌어올리기 위한 우주의 지원활동이라고 해석해도 좋다.

초자연적 체험의 목적은 개인의식에 변화를 일으키는 것이다. 직감력이나 육감이 더 뛰어난 다음 인류는 '개인의식'이 아니라 '집합의식'을 바탕으로 행동하지 않을까? 임사체험을 한 사람들 대부분은 지구로 돌아오고 싶지 않았다고 말한다. 하지만 저세상의 차원에서 배운 공감(감정이입)과 조건 없는 사랑을 적어도 가족이나 친구들과 나누고 싶다는 생각에 돌아온다고 한다.

그리고 전과 다른 사고방식으로 생활을 다시 시작한다. 만약 우리 한 사람 한 사람에게 이런 의식의 변화가 일어난다면 지구 전체가 변할 것이다. 분명 진정한 평화 시대가 시작될 것이다.

임사체험을 한 사람들은 자신들이 본 '저세상' 체험에 대해 말한다. 20년 전에는 그런 이야기를 공공연하게 하기 어려웠지만, 차츰 임사체험자들의 책이 나오기 시작하면서 지금은 이해하는 사람이 꽤 많아졌다. 그중에서도 말기 암 환자였던 아니타 무르자니Anita Moorjani라는 여성이 임사체험을 한 후에 암세포가 전부 사라져 완치된 이야기를 다룬 《그리고 모든 것이 변했다―암, 임사체험, 그리고 완전한 치유에 이른 한 여성의 이야기》는 세계적인 베스트셀러가 되었다. 그녀는 임사체험 중에 겪은 일을 이렇게 기록했다.

'우주는 살아 있고 의식으로 가득 차 있으며 모든 생명과 자연을 포용하고 있다는 사실을 깨달았습니다. 모든 것이 무한한 '전체'에 속해 있었습니다.'

나도 초자연적 세계를 체험한 한 사람으로서 앞으로 더 많은 사람과 이 경험을 나누고 싶다. 그리고 많은 사람과 함께 다음 차원으로 이동할 준비를 하고 싶다. 가끔 저쪽 차원에서 이를 도와줄 힌트가 날아오기도 한다.

개인의식에서 집합의식으로

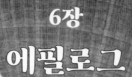

6장
에필로그

안나 이야기

이 책을 마치기 전에 '안나'의 이야기를 할까 한다. 이야기는 내가 소르본대학에서 인류학을 공부할 때로 거슬러 올라간다. 어느 날, 폴란드인인 안나와 함께 수업에서 연구 발표를 하게 되었다. 주제는 '극동 러시아와 몽골의 샤머니즘'이었다. 샤먼(영적으로 교류하는 능력을 갖춘 사람—역주)에 관해 더 자세히 알고 싶었던 차에 하게 된 발표라 내게는 좋은 기회였다.

안나는 폴란드 크라쿠프시 근처에서 왔고, 고등학교에서 프랑스어를 배워 소르본대학에 입학했다. 러시아인과 폴란드인은 비교적 빨리 외국어를 습득한다. 프랑스어가 유창했던 안나도 그런 사람 중 한 명이었다. 안나는 가족과 좀 떨어져 살고 싶어서 프랑스로 유학을 왔지만, 막상 외국 생활이 쉽지 않았다. 같은 유럽권이기는 했지만 언어나 문화가 달라서 생기는 스트레스도 있었다. 아직 학생이었던 안나가 감당하기에는 분명 쉬운 일이 아니었다. 우리는 발표를 계기로 친해졌다. 안나는 폴란드인으로서 러시아와 러시아의 문화, 러시아 사람들을 보는 견해를 가지고 있었고, 나는 그녀의 견해가 참 신선했다. 폴란드 문화에 관해서도 이것저것 가르쳐주었다.

발표 주제인 극동 러시아와 몽골의 샤먼 세계는 매우 심오해서 우리의 관심을 끌었다. 러시아인과 몽골인 등 아시아계 민족이 만나는 극동 러시아와 몽골. 이 지역은 다른 두 개의 세계가 충돌하는 장소였다. 정교도(기독교의 한 종파—역주)인 백인과 애니미즘animism 신앙을 믿는 아시아계 원주민이 공존했다.

애니미즘이란 생물과 무기물을 포함한 자연계의 모든 존재에 영혼이 깃들어 있다고 믿는 세계관이다. 그 안에서 샤먼은 보이는 세계와 영혼의 세계를 잇는 '다리' 역할을 했고, 이 세상과 저세상에 동시에 속하며 성별이 없는 양성구유兩性具有로 간주되었다.

또한 영적인 분야뿐 아니라 사회적, 개인적, 생활 습관까지 폭넓은 분야에서 다리 역할을 했다. 샤먼은 몸에 특정 표식을 가지고 태어난다고 한다. 영혼의 세계가 아기의 몸에 표시를 새겨두는 것이다. 새끼손가락이 두 개로 갈라져 있거나 피부에 나타나는 반점 등이 그 표식이라고들 한다. 그들은 유소년기에 저쪽 세계로 불려가는 변성의식 상태를 체험하고, 이를 통해 샤먼의 능력을 발현시켜 주민들에게 인정받는다.

발표는 금요일 오후였다. 이른 봄이었던 걸로 기억한다. 불안한 기분으로 교실 앞에 섰지만, 제목만으로 이미 주목을 받아서 생각했던 것보다 원활하게 진행되었다. 발표가 끝나자 선생님과 친구들에게 이런저런 질문도 받았고, 꽤 유익한 시간이었다. 수업이 끝나고 우리는 대화를 나누며 함께 오데옹역으로 향했다. 역에 도착해서 헤어지려고 할 때 안나가 말했다.

"잠깐만, 물어보고 싶은 게 있어."

"뭔데?"

"오늘 발표한 내용, 진짜 믿어? 샤먼이 보이지 않는 세계와의 소통을 담당한다는 거 말이야."

"나는 진짜라고 생각해."

"그렇게 생각하는 근거는?"

이런 질문은 처음 받아봤다. 근거라⋯. 보이지 않는 세계가 존재한다고 믿는 근거가 뭘까? 나는 순간 말문이 막혔다.

"줄리앙, 네가 무언가를 쉽게 믿는 사람이 아니라는 걸 알아. 그러니까 설명해줄래? 왜 믿는 거야?"

피할 수 없다는 걸 깨닫고 포기하려는 순간, 안나의 뒤에서 보이지 않는 존재가 느껴졌다. '안나에게 말해. 보이지 않는 세계를 믿는 이유를.'이라는 메시지가 마음에 울렸다. 나는 말했다.

"안나, 이야기가 좀 긴데, 차라도 마실까?"

안나의 질문에 대답하기 위해 나는 카페에서 지금까지 내가 한 경험을 간략하게 말했다. 이야기가 끝나자 안나가 말했다.

"인생이란 건 여기에만 있는 세계가 아니구나. 다행이다."

카페에서도 안나의 뒤에 있던 존재는 계속 우리를 바라보고 있었다. 그리고 그 존재에게서 얻은 정보가 있었다. 그때 안나는 고민을 해결하려고 새로운 견해를 찾고 있었다. 앞으로 자기가 어떻게 될지 상황을 지켜보는 중이었다. 그렇다면 내 경험이 안나를 도울 수 있을 거라 생각했다. 도움이 된다면 나는 그걸로 충분했다.

예전에는 보이지 않는 존재와의 소통이 외계인에만 국

한되어 있었다. 하지만 안나의 뒤에 있던 존재는 외계인도, 죽은 사람의 영혼도 아니었다. 어떤 존재였을까? 헤어질 때 안나가 말했다.

"줄리앙, 너는 샤먼일 거야."

"그렇지 않아. 몸에 특별한 표식이 있는 것도 아니고."

나는 웃으며 대답했다.

"하지만 두 세계를 잇는 다리를 만드는 사람이잖아. 그렇지?"

그날 밤, 안나도 자기 방에서 그 존재를 느꼈다. 현관 쪽에 서서 조금씩 가까이 다가왔다고 한다. 안나가 내게 물었다.

"돌아가신 분의 유령이었을까?"

"아닐 거야. 육체를 갖지 못한 존재야. 언젠가 인간으로 태어날지도 모르지만 지금은 아직 육체가 없는 그런 존재야."

"왜 온 걸까?"

"글쎄, 왜 왔을까? 그런데 그런 존재는 무슨 말을 했는가보다 어떤 체험을 하게 했는지가 중요해. 말로 설명하기는 어렵지만 그들은 말이 아니라 파동으로 정보를 주고받거든. 어젯밤 뭔가 느끼지 않았어?"

"잘 모르겠어. 왠지 현관 근처에 누가 있는 것 같았어."

"그게 파동이야. 보이지 않아도 마음으로 알 수 있지. 틀림없이 뭔가 느꼈구나. 파동이 약하면 느끼지 못하기도 하는데, 강할 때는 파도에 휩쓸리는 느낌이 들기도 해."

"왜 파동을 사용해?"

"아마도 말 대신이지 않을까?"

"말 대신인지 아닌지는 모르겠지만 아무튼 무서웠어."

"그랬을 거야."

그 뒤로 안나는 자주 그 존재를 느꼈다. 안나와 이야기하다가 파동을 느끼는 일은 특별한 능력이 있기 때문이 아니라는 사실을 알게 되었다. 느끼는 쪽은 수신인에 불과하고 수신인이 느낄 수 있는지 없는지는 그들(영적인 존재)이 정한다. 하지만 한 번 그들의 존재를 느끼고, 그 느낌이 그들의 파동이라는 사실을 깨닫고 나면 다음에 같은 체험을 할 때 모른 척할 수가 없다.

보이지 않는 세계를 파동으로 느끼게 된다. 그리고 느끼지 못했던 예전의 나로는 돌아갈 수 없다. 파동을 느끼는 기관이 각성한 후에는 체험할 때마다 조금씩 그 기관이 예민해진다. 그러면 지금까지 체험했던 현실이 깊이를 더해간다. 이것이 보이지 않는 존재의 본래 목적이 아닐까? 이렇게 그들은 한 사람, 한 사람을 깨우고 있는 것이 아닐까?

나는 그렇게 생각하게 되었다.

안나는 프랑스 생활에 꽤 익숙해졌지만, 그래도 가끔 크게 불안을 느끼곤 했다.

"친구니까 내가 도울 일이 있으면 말해."

그렇게 말하자 안나는 불안할 때 전화해도 되는지 물었다. 그 뒤로 일주일에 한두 번 전화가 걸려왔다. 때로는 두세 시간 동안 오래 통화하기도 했다. 그때는 휴대전화 요금이 아직 비쌀 때라 안나는 공중전화로 전화를 했다. 그래서 우리는 가능한 한 그 시간을 유용하게 쓰려고 노력했다. 어느 정도 시간이 흐르자 안나와 통화할 때도 2004년에 형 집에서 살 때와 같은 시너지효과가 나타나기 시작했다. 안나도 조금씩 파동에 민감해져 갔다. 어느 날 공중전화 부스에 있던 안나가 말했다.

"줄리앙, 지금 우리 집에 누가 있는 것 같아. 집 어디에 있는지까지 확실히 알겠어. 투시해서 보는 것처럼 말이야. 지금 우리 집에 누가 있지?"

"응. 나도 느껴져. 이런 걸 원격투시라고 해."

"어떡해! 집에 돌아가고 싶지 않아. 너무 무서워. 이런 이야기 그만하자!"

"무서운 기분은 이해하는데, 무서워한다고 상황이 달라지지는 않아. 지금 너희 집에 그가 있는 건 사실이니까 그에게 직접 물어봐. 용건이 뭔지 말이야."

"줄리앙, 부탁이니까 그런 소리 그만해. 집에 가지 못하겠어. 우리 다른 이야기 하자. 부탁이야."

"알았어."

안나는 밤에는 절대 그 이야기를 하지 말라고 부탁했다. 이야기만 해도 그의 존재가 느껴져서 무섭다고 했다. 그 공포심은 나도 잘 안다.

어느 날 안나에게 신기한 꿈 이야기를 들었다. 밤에 누군가 꿈속으로 들어온다고 했다. 갑자기 꿈속에서 누군가 자신의 이름을 불러서 눈을 떠보면 방에서 어떤 존재가 느껴진다고 말했다. 처음에는 기분 탓이라고 생각했지만 다음 날도, 또 그다음 날도 같은 일이 일어났다. 꿈은 1주일이나 계속되었고, 그사이 안나는 그 존재에 대해 많은 것을 알아냈다. 그는 안나 또래의 남자였고 국적은 독일이었다. 안나에 대해 잘 아는 듯했다고 한다.

"왜 나타난 거야?"

"모르겠어."

"돌아가신 분의 유령일까?"

242 안나 이야기

"아니, 그건 아니야."

"그럼 뭐지?"

"전생에 알던 사람인지도 몰라. 그런 인연이 느껴져."

얼마 후에 안나는 이번에는 여성의 존재가 느껴졌다고 했다. 그 존재는 매일 밤 반드시 나타났는데, 이번에는 그 존재를 무서워하기는커녕 재미있어했다. 국적은 없고 죽은 사람의 유령도 아니었다. 지금은 육체를 가지지 못한 존재로 긴 갈색 웨이브 머리를 하고 있다고 한다. 안나는 파동으로 그 모습을 보았다.

그러던 어느 날 안나와 통화를 하다가 나도 그 여성을 만났다. 그즈음 안나는 타국 생활로 인한 스트레스로 전보다 더 자주 불안을 느껴 나와 통화하는 날이 많았다. 불안과 고민이 점점 심각해져서 나는 뭐라고 말해야 좋을지 몰라 꿀 먹은 벙어리가 되기도 했다.

그날 밤 나는 이미 안나와 두 시간 넘게 통화하고 있었다. 더는 할 조언도 대책도 없었다. 당시 내가 살던 아파트는 원룸 형태여서 현관 옆에 주방이 있었고, 거기서 통화를 하면서 저녁을 만들고 있었다. 프라이팬이 타지 않도록 신경 쓰면서 수화기를 머리와 어깨 사이에 끼고 통화했다.

상당히 주의력이 필요한 자세였다. 안나의 고민을 듣고 아무 말도 해줄 수가 없어서 이러지도 저러지도 못하고 있는데, 그때 왼쪽 현관에서 긴 머리의 여성이 나타나 내게 다가왔다. 도망갈 곳도 없고 요리 중이라 손을 놓을 수도 없었던 나는 순간 망했다고 생각했다.

그 여성은 내 왼쪽 어깨에 가볍게 손을 올렸다. 그 순간 안나에게 해줄 말이 입에서 튀어나왔다. "지금 넌 심리적 수준에서 고민하고 있을 뿐이야. 영적 차원에서 보면 일상적인 문제가 쉽게 해결될 거야. 제일 중요한 건 영적인 차원이니까." 안나는 그 말을 듣고 한결 마음이 편해진 듯했다. "줄리앙, 고마워. 그 말이 큰 힘이 됐어."

안나에게 나타났던 그들은 아마도 초자연적 체험을 할 때 사람들 주위에서 본 그 존재일 것이다. 수호천사나 수호령일지도 모른다. 하지만 이때는 아직 내가 그 세계를 완전히 이해하지 못한 상태였다. 그래서 이런 상태에서 새로운 현상을 겪으면 내 세계관이 더 흔들리지 않을까 불안해졌다.

이때 갑자기 마음에 변화가 생겼다. 문득 '나는 겪은 현상을 내가 아는 현실적 형태에 끼워 맞추려고 하는지도 모른다'는 생각이 들었다. '나는 정말 바보구나. 우주의 풍요로움을 작은 상자에 넣으려고 하다니. 제어하려고 하지 말자, 눈앞의 현상을 우주의 안내로 받아들이자. 왜 이런 현상이 일어나는지, 무슨 의미인지, 저 사람은 누구인지 궁금해하지 말자. 그저 관찰하고 대응할 수 있는 일에만 대응하면서 몰랐던 일은 배우자. 힌트가 필요하면 직접 우주에 물어보면 돼.' 나는 그렇게 결심했다.

2005년 겨울, 친구와 함께 처음으로 폴란드에 가서 크라쿠프와 오시비엥침(독일어로 아우슈비츠)을 찾았다. 역사와 구소련의 영향력을 강하게 느낄 수 있는 여행이었다. 텔레비전에서 '철의 장막'이라는 말을 자주 듣고 보았지만, 현지에 가보니 그 의미를 실감할 수 있었다. 1991년까지 유럽은 두 세계로 분단되어 있었다. 그때 생긴 다른 두 세계관이 지금의 동서유럽을 형성했다. 여행 중에 몇 번이나 '안나가 이런 곳에서 왔구나'라는 생각이 들었다. 문화적 격차를 느꼈던 긴 여행이었다.

파리로 돌아온 후에 여행 이야기를 할 겸 안나를 저녁 식사에 초대했다. 폴란드 명물인 피에로기라는 만두 요리를 대접할 생각이었다. 하지만 반죽하는 데 시간이 걸려서 안나가 도착했을 때는 아직 피에로기의 속 재료를 삶는 중이었다. 식사 준비를 하면서 나는 폴란드 여행 이야기를 꺼냈다. 그 뒤에 긴 머리의 여성을 본 이야기를 시작했다. 전에 전화로 한 조언은 사실 내 생각이 아니라 네 꿈에 자주 나오던 여자의 메시지였다고 밝혔다.

"뭐? 네 꿈에도 그 여자가 나왔어?"

"아니, 꿈이 아니라 여기 왔었어."

안나에게 그날의 일을 자세하게 이야기하고 있는데, 어느샌가 그 여성이 현관에 서 있는 것이 느껴졌다. 안나에게는 말하지 않았다. 현관은 내 뒤에 있었고 안나는 나를 마주 보고 앉아 있었다. 그 여성이 나를 지나쳐 안나의 옆에 다가가자 안나가 말했다.

"지금 그 여자가 있지? 느껴져."

"응. 있어."

"내 옆에 있는 것 같아."

"나도 그렇게 느껴."

"아! 지금 누군가가 나를 안았어."

안나가 울기 시작했다.

"왜 그래?"

"이유는 모르겠는데 고맙고 사랑하는 마음을 주체할 수가 없어. 아! 이제 사라졌다."

나도 그 여성의 존재감이 사라진 것을 느꼈다.

"방금 무슨 일이 일어난 거지?"

"네 수호천사인 것 같아. 지금 아주 귀중한 경험을 했어. 꼭 기억해."

"응."

"마음이 불안해지면 우선 영적 차원으로 보려고 해봐. 그리고 너는 혼자가 아니라는 사실을 잊지 마."

"고마워."

"내가 아니라 그녀가 그렇게 말하고 싶었을 거야. 분명히."

그 후 안나는 불안에 떠는 일이 줄어들었다. 물론 일상의 스트레스가 완전히 사라지지는 않았지만, 전과 비교해 눈에 띄게 상태가 좋아졌다. 안나의 마음이 조금씩 치유되고 있었다.

안나는 다음 해에 소르본대학을 졸업하고 몇 년 뒤에는 폴란드로 돌아갔다. 안나는 프랑스에서 있었던 8년 동안 다양한 일을 겪었고, 이곳이 아니었다면 지금의 자기는 없을 거라고 말했다. 파리에서 경험한 일 덕분에 강해졌고 폴란드로 돌아갈 수 있었다고 했다.

지금은 인터넷 전화의 도입으로 유럽 어디서든 무료로 통화할 수 있다. 프랑스에서 폴란드로 얼마든지 마음껏 전화할 수 있고, 페이스북 같은 SNS의 등장으로 국가 간 거리는 놀랄 만큼 줄어들었다. 어느 날, 폴란드에 있는 안나와 통화를 하다가 전에 그 여성의 존재를 느꼈다. 그뿐만 아니라 그녀가 안나의 집에 있는 것이 느껴졌다. 내가 그 말을 하자 안나는 "알아. 하지만 그 이야기는 하고 싶지 않아"라고 했다.

"왜?"

"다른 이야기 하자. 무섭단 말이야."

"무섭다고? 뭐가?"

"그만하자니까. 이런 이야기."

문이 닫혀버렸구나. 이제 안나와는 그 존재에 관한 이야기를 할 수 없게 되었다.

파리에 있을 때 자신을 도와준 존재가 무섭다니, 이유가 뭘까?

그 후에 폴란드에 가서 안나를 만난 적이 있다. 크라쿠프에 있는 안나의 아파트에 도착한 순간 나는 긴 머리 여성의 존재를 느꼈다. 최근에 자주 왔었던 것 같았다. 즉, 안나가 수호령을 원하는 정신 상태라는 뜻이었다. 밤이 되자 그 여성이 모습을 드러냈다. 그녀는 안나와 직접 소통하고 싶어 했다. 나는 안나에게 그 말을 전했지만, 그녀는 거부 반응을 보이며 두려워하기만 했다. 두세 번 이야기해봤지만 결국 안나는 이렇게 말했다.

안나 이야기

"나는 너랑 달라. 무서워. 네가 파리에 돌아가면 나는 어떡하라고. 지금은 일에 집중하면서 앞만 보고 싶어. 불안정한 정신 상태로 돌아가고 싶지 않아."

나는 안나의 뜻을 받아들일 수밖에 없었다. 그 존재는 마음 아파했다. 하지만 각자가 걸어갈 길은 스스로 선택해야 하는 법이고, 그 선택은 서로 존중해야 한다. 나는 안나를 통해 그것을 배웠다. 안나를 지키는 존재는 나를 통해서 안나와 소통하고 싶어 했다. 하지만 그러려면 반드시 세 명이 모두 동의해야 한다. 한 번 통했다고 해서 두 번째도 통한다는 보장은 없다. 이는 좋고 싫고의 문제가 아니라 안나의 영혼이 스스로 선택한 길이다. 가야 할 길을 스스로 정하고 나아가는 일. 영혼에게 선택할 수 있다는 것 이상의 기쁨은 없다.

균형

'보이지 않는 세계'와 '보이는 세계'의 경계는 우리의 눈이 정한다. 실제 그런 경계는 현실에 존재하지 않는다. 마치 무지개처럼 파동의 변화에 따라 다른 색으로 보일 뿐이다. 눈에 보이는 무지개색은 일곱 가지지만, 실제로는 적외선과 자외선처럼 보이지 않는 색이 무수히 존재한다.

우리의 정신세계도 이러한 자연현상과 마찬가지로 다층 구조를 이루고 있다. 무지개가 바깥쪽의 빨간색부터 안쪽 보라색까지 일곱 가지 층으로 완성되듯이 인간의 정신세계도 여러 차원이 층을 이루어 하나의 세계를 구성한다. 양파처럼 몇 겹의 층을 이루고 있고, 가장 안쪽에 있는 심이 물질적 차원이다. 중심에서 멀어지면 멀어질수록 층이

얇아지고 가장 바깥층은 우주라는 영적 차원과 완전히 하나가 된다.

물질의 차원에서 사는 우리는 그와 동시에 보이지 않는 차원으로도 에너지를 보낸다. 의식의 폭이 넓어지면서 자유롭게 각 층에 접속할 수 있게 된다. 층별로 특정 견해와 관점이 있고, 거기서 얻는 정보와 배우는 내용은 상상을 초월할 만큼 다양한 분야에 걸쳐 있다. 또한, 현재 내가 인생을 체험하고 있는 물질적 차원(보이는 세계)은 보이지 않는 세계를 반영하고 있다는 사실을 실감하게 된다.

앞에서 언급한 우주와 하나 되는 단계 중 3단계에 도달한 이후, 사람들 주변에 있는 영적 존재가 보이기 시작했다. 한 번 체험한 현상은 이미 몸이 기억한다. 수영을 배우고 나면 잊어버리지 않듯이 몸이 자연스럽게 기억한다. 우주적 세계에서 영적 존재를 볼 수 있게 되면 그들도 나를 볼 수 있다. 나는 그들의 존재를 부정할 수 없고 그들이 부르는 소리를 모른 척할 수도 없다.

영적인 차원에 존재하는 그들은 '나'라는 존재를 물질적 차원에 정보를 보낼 때 이용하는 채널 정도로 생각하는 듯했다. 안나와의 일이 있고 나서부터 비슷한 일이 다른 사람들과의 관계에서도 일어나기 시작했다. 나는 어느새 보이지 않는 세계의 메신저 역할을 하게 되었다. 이때 주의해야 할 점이 바로 '균형'이다.

내가 '지금 여기'에서 인간으로 사는 건 태어나기 전에 내 영혼이 정한 일이다. 물질적 현실의 차원에서 겪는 일상의 여러 가지 일들이 영혼에게는 귀중한 경험이며, 거기서 겪는 시련은 영혼을 단련하는 양식이 된다.

하지만 지도령이나 수호령 같은 존재의 메시지를 너무 중요시한 나머지 일상생활에 소홀하면 육체를 가지고 살아가기 위한 균형이 무너진다. '지금 여기'에서 체험하는 인생의 의미를 잊어버릴 우려가 있다. 영적인 세계나 우주 어딘가로 가는 것보다 지금 눈앞에 있는 사람을 소중히 여기고 일상생활을 잘 영위하는 일이 더 중요하다.

내게는 우주적 세계를 체험하기 전 평범하게 일상을 보내는 일에 흥미를 잃었던 시기가 있었다. 영적인 차원에 너무 깊이 몰두한 나머지 물질적인 현실 생활에서 재미를 느끼지 못했다. 영적인 세계에서 한 체험은 일상생활에 비해 강렬한 인상을 준다.

그래서 항상 신경쓰지 않으면 영적인 현상에 점점 끌려가 버린다. 물질적인 현실에 관한 관심은 점점 사라지고 영적인 세계가 진짜 현실이라 믿게 된다. 누구나 생각보다 쉽게 걸려들 수 있는 덫이다.

나는 지금까지 두 번, 정신적 균형이 무너졌던 적이 있었다. 한 번은 책의 초반부에 언급했던 대로 처음 UFO를 목격한 고등학생 때였다. 그때는 아직 정신적으로 안정적이지 못했고 자기 관찰력도 부족했다. 그래서 자극적인 현상에 너무나 쉽게 휘말려버렸다. 그리고 소피와 함께했던 채널링으로 또 한 번 현실 세계 안착에 실패했었다.

그 후에 나는 우주와 하나 됨을 경험하면서 영적인 존재와 인연을 맺게 되었다. 하지만 이때도 균형을 유지하는 방법을 찾기 위해 시행착오를 거듭해야 했다. 안나처럼 보이지 않는 세계의 존재들과 연결된 네트워크를 완전히 끊지 않으면서 영적인 정보와 현상에 빠져 맹신하지도 않는 '중용'의 길을 찾아야 했다.

그것이 영적 세계관을 가지고 현실에서 살기 위한 중요한 핵심이다. 그리고 그 중용의 길은 의외로 '지금'의 현실에 안착하고 자신의 인생을 사는 길과 다르지 않았다. 고등학생 때 시험공부에 집중하고 있으면 외계인이 자주 '방문'했고, 대학 시절에도 일을 시작했을 때도 같은 현상이 일어났다.

물질세계의 생활이 바빠질수록 영적인 차원도 활발히 움직인다. 즉 자기 인생에 제대로 뿌리 내려 안전하게 자리 잡을수록 외계인이나 수호령 같은 존재의 에너지와 시너지효과를 낼 수 있다.

우리가 노력하면 우주도 적극적으로 돕는다. 우리가 발전적인 인생의 목적을 이룰 수 있도록 우주라는 거대한 거울은 우리의 마음을 비추어 보여준다. 게다가 우주가 보여주는 모습은 우주가 본 우리들의 마음이다. '나'라는 한 인간을 초월한 훨씬 크고 넓은 시점으로 우리의 마음을 보여준다. 나 혼자서는 도저히 상상할 수 없는 우주 차원의 아이디어를 계속해서 보낸다. 이렇게 우주와 함께 움직이면 시너지효과가 생긴다.

따라서 영적인 현상을 겪었을 때는 이리저리 의미를 생각하거나 현상을 뒤쫓기보다 그와 같은 양의 에너지를 '지금'의 일상 세계에 쏟아야 한다. 예를 들면, 새로운 기획을 추진하거나 친구를 만나고 문화 이벤트에 참가하는 등 되도록 '사람과 함께'하는 활동을 한다.

그러면 영적인 현상을 통해 얻은 에너지를 물질적인 차원에서 사람들과 나눌 수 있고, 이를 통해 현실에 안착할 수 있어 앞으로의 일에 관한 힌트가 마구 떠오르거나 동시성(Synchronicity, 동일한 시간에 다른 장소에서 일어나는 객관적 사건이 서로 의미가 있다 — 역주)이 발생한다. 나는 이런 일을 수도 없이 체험했다.

　체험을 거듭하면 영적인 체험을 해도 '지금 여기'에서 체험하고 있는 물질적 현실과 균형을 유지할 수 있다. 그리고 서서히 두 차원이 합쳐져 하나의 현실이 된다. 양쪽의 균형이 잡히면 고차원의 에너지와 정보, 빛을 지금의 3차원 세계로 옮겨올 수 있다. 이것도 채널링의 하나다. 기본적으로 채널링의 목적은 정보의 전달이며, 정보를 불러오고 다리 역할을 하며 통역하는 것이다. 모두 기본적으로는 같은 과정을 거친다.

　'다리'에는 강한 기둥이 필요하다. 흔들려도 무너지지 않을 안정적인 자아. 이런 자아를 가지려면 우선 현실에 안착해야 한다. 항상 '지금'을 최우선으로 생각해야 한다. 그리고 있는 힘껏 우주의 풍요로움을 맛본다.

　또한, 되도록 다양한 사람들과 관계를 형성해야 한다. 우주의 풍요로움을 누리려면 사람을 이해하려는 노력 없이는 불가능하다. 타인을 자신과 같이 느낄 때까지 공감력을 갈고닦는다. 주변 사람들이나 사물, 사건이 자기 마음과 하나가 되면 우주의 마음이 보인다.

　현재의 3차원에 존재하는 사람이나 사물과 하나가 되는 일은 우주와 하나가 되기 위한 첫걸음이다. 타인과 자신

사이에 경계가 사라지면 우주라는 사랑에 근거한 큰 네트워크에 접속할 수 있다. 그러면 사랑의 소중함을 새삼 다시 깨닫게 된다.

지금 나는 파리에서 산다. 일상생활을 하며 내 의식 안에 있는 영혼의 공간을 더 넓히기 위해 일에서나, 가족이나 친구와의 관계에서나 항상 나의 의식을 관찰하며 더 나은 방향으로 가려고 최선을 다하고 있다.

타인을 돕는 과정을 거치면 다음과 같은 변화를 겪게 된다.

- '나'라는 존재가 작아진다.
- 다른 사람들이 나와 똑같이 소중한 존재가 된다.
- 머릿속 잡음(뇌의 잡음)이 줄어든다.
- 타인의 니즈가 자신의 니즈와 같아진다.

공감력이 높아져 '나'라는 자아의 껍데기가 점점 얇아지면서 나와 타인이 별도의 존재가 아니라는 사실을 실감한다. 오해가 생기지 않도록 미리 말해두자면, 이는 내가 다른 사람에게 감화되거나 쉽게 영향을 받는다는 의미가 아니다. 나와 다른 사람들 모두가 동등하게 우주를 구성하는 일원이며 모두가 이어져 있다는 의미다. 이것이 우주적 세계에 다가가는 길이며 이 세상에서 살아가는 모든 존재, 즉 우주 전체를 향한 사랑에 가까워지는 연습이다.

이러한 의식 상태에 깊이를 더하고 우주의 리듬에 다가가기 위해 나는 2015년 파리에서 공동체 텃밭 협회를 설립했다. 도시에서 생활하면서 자연의 리듬을 이해하기 위해서였다. 이곳에서 사람들은 채소를 키우면서 서로 도우며 생활하는 경험을 쌓는다. 나도 사람들을 사귀고 함께 작업하며 자연의 리듬에 더 가까워질 수 있었다.

도시에 조금이라도 녹지를 만들고 싶어서 지금도 계속하고 있다. 파리라는 도시에 존재하는 250평 규모의 텃밭이 세상에 긍정 에너지를 뿌릴 수 있기를 바란다. 녹지가 풍부해지면 그 공간이 점점 더 우주의 파동과 조화를 이뤄 치유되는 느낌이 든다.

공동체 텃밭 협회에서는 외계인 이야기를 일절 하지 않는다. 그런 일을 화제로 삼지 않아도 자연을 가까이 느낄 수 있고, 구성원들도 충분히 마음의 위안을 얻는다. 구성원들이 시간과 공간을 초월한 비국소적 의식을 체험할 수 있도록 가능한 범위에서 지원할 수 있는 것만으로 나는 충분히 행복하다.

일본에서의 강연

　2017년 1월 하순에 일 때문에 캘리포니아주 팜스프링
스 옆, 란초 미라지에서 열린 작가 페스티벌에 참가했다.
그곳에서 재미있는 사건이 있었다. 페스티벌에 참가한 작
가를 돕는 중간에 다른 작가의 강연 몇 개를 들을 기회가
있었다. 3일 동안 열린 그해 페스티벌의 주제는 '전 대통령
의 친척이 말하는 대통령의 역할과 미국의 역사'였다. 루
스벨트와 트루먼이라는 성을 가진 작가의 강연도 프로그
램에 올라와 있었다.

　공부도 할 겸 시간이 되는 한 강연을 들었다. 영어 강연
이었는데, 알아듣기 쉬운 강연도 있었고 어려운 강연도 있
었다. 내가 신청한 강연 중에는 케네디 일가에 관한 강연

도 있었는데, 그 작가의 강연은 이해하는 데 상당한 집중력이 필요했다. 사투리를 쓰는 데다가 이야기의 내용도 명확하지 않아서 구체적으로 무슨 말이 하고 싶은 건지 이야기의 요점을 찾을 수 없었다. 그래도 어떻게든 이해해보려고 집중해서 귀를 기울여 열심히 들었다. 메모해야겠다는 생각에 진땀을 뺐다.

그때 갑자기 그 강연 내용과는 아무 상관도 없는 이야기가 머릿속에 들어왔다. 나는 필사적으로 그 말을 옮겨 적었다. 그때 내가 적은 메모에는 다음과 같은 일본어가 적혀 있었다.

9월에 도쿄에서 발표한다. 30살부터 38살까지의 변화에 대해
→ 문이 열렸다. (우주로 가는)
주제별로 발표
주제 중 하나……, 신비한 체험
→ 초자연적 세계로 들어가는 방법을 말한다.

그 자리에서 메모를 세 페이지나 일본어로 적었다. 무언가를 열심히 적는 모습을 보고 옆자리 사람이 "메모하시는 언어가 어느 나라 말인가요?"라고 물었다. "일본어입니다. 일본어로 메모하는 편이 편해서요." 나는 이렇게 대답했지

만, 솔직히 이미 강연의 내용은 하나도 들리지 않았다.

받아적는 중에 머릿속으로 들어오는 정보를 해석도, 평가도 하지 않고 그저 메모하는 일에만 집중했다. 이 내용으로 이야기를 한다는 생각만으로도 기뻤다. 올바른 일이라는 확신이 들었다. 마음이 이렇게까지 설레는 것을 보니 무언가 이유가 있는 모양이었다.

사실 이와 비슷한 일이 예전에도 가끔 있었다. 영적 존재는 여러 나라의 다양한 사람들과 접촉하고 있는데, 때때로 물질 차원의 도움을 원하기도 한다. 그럴 때 내가 할 수 있는 일이 있으면 그들이 내게 말을 걸어온다. 그들을 돕는 사람은 나 혼자만이 아니다. 그들은 이미 지구에 거대한 네트워크를 형성하고 있었다. 다양한 사람과 관계를 형성하면서 조금씩 지구의 에너지 수준을 높이고 있었다.

우주 의식과 우리의 의식이 교류할 때 접촉하기 쉬운 민족과 문화도 있고, 접촉하기 어려운 민족과 문화도 있다. 우주 의식은 서양의 개인주의 의식보다 동양의 집합적 의식과 더 쉽게 소통할 수 있다. 그런 점에서 동양인과 이야기가 잘 통하겠다고 늘 생각했었다. 유럽이나 미국은 개인주의 의식이 강해서 우선은 개개인의 개성을 통과하지 못하면 접촉할 수 없다. 게다가 집합의식을 통해 접촉하려고

일본에서의 강연

하면 개인주의 의식이 '기분 탓'이라며 쉽게 무시해버리기 일쑤다. 나도 서양인이라 그런지 우주의 메시지를 몇 년 동안이나 무시했었다. '기분 탓이다', '바보 같은 이야기다' 라면서…. '나'라는 개인의 의식을 지키기 위해 강한 거부 반응을 계속 보였다. 물론 지금은 그렇지 않다.

그래서 캘리포니아에서 그 메모를 적었을 때 앞으로 내가 어떻게 해야 할지 확실히 알았다. 이런 '메시지'를 받은 일이 처음도 아니었고, 이미 도쿄에서 무언가 일어나고 있다는 느낌을 받았다. 도쿄에서 영적 존재나 초자연에 관해 이야기해야 했고, 이를 도울 사람으로 내가 선택된 것이다.

일본이라면 'Temple Beautiful'이라는 쇼핑몰의 나오코 씨에게 연락하면 바로 추진할 수 있을 거라 생각했다. 나오코 씨는 내게 우주와 하나 되는 경험에 관한 정보를 알려준 사람으로, 그 이후 친구가 되었다. 바로 나오코 씨에게 연락해서 세미나를 열 수 있는지 타진해보았다. 이런 이야기를 들어주는 사람은 많지 않기에 나오코 씨는 정말 소중한 친구다. 나는 나오코 씨의 빠른 이해와 적극적인 대처가 너무나 고마웠다.

얼마 뒤에 내가 우주 의식에 관해서 이야기할 일정과 장소가 정해졌다. 세미나 내용은 우주와 하나 됨에 집중하

고, 거기에 더해 영혼과 정신, 육체의 구분 방법에 관해서
도 이야기해야 한다고 메모에 쓰여 있었다.

세미나 내용을 준비하려면 우주적 세계에 관한 정보를
모아야 했다. 그런데 그 세계를 떠올리려고 하자 필연적으
로 우주와 하나 되는 체험의 1, 2단계를 여러 번 겪을 수밖
에 없었다. 처음에는 왜 그럴까 의아하기도 했지만, 곧 기
억의 문제라는 사실을 깨달았다. 앞에서도 이야기했으나
우주적 세계에 관한 정보는 머리로는 기억하지 못한다.

이런 정보는 우주적 차원, 즉 시간과 공간을 초월한 비
국소적인 영혼의 차원에 기억된다. 다시 말해 우주와 하나
되는 체험을 정리하기 위해 기억을 끄집어내야 한다면 1단
계와 2단계에 들어가는 것 외에는 방법이 없었다. 이렇게
세미나 준비를 하는 동안 일상과 다른 에너지에 접촉한 일
이 큰 도움이 되었다.

우주적 세계로 들어가는 첫발만 떼면 나의 에너지 수준
이 순식간에 변해 다른 개념이나 우주의 정보에 접속하는
체험을 했고, 더 깊이 이해할 수 있었다.

2017년 10월. 세미나는 도쿄에서 무사히 개최되었다. 우
주적 세계에 관해 이야기하려고 하자 많은 사람이 보고 있

는데도 몇 번이나 그 세계로 빠져들 뻔했다. 그때마다 말문이 막히고 눈물이 흘러내려서 참 난처했다. 화제를 돌리거나 숫자를 떠올려서 강연 중에 그 세계에 빠지지 않도록 몇 번이고 막아야 했다. 세미나는 눈 깜짝할 사이에 끝나서 준비해 온 내용도 다 말하지 못했다. 하지만 그 덕분에 내 경험을 책으로 내보면 어떻겠냐는 제안이 나오코 씨에게 들어와 이렇게 책을 쓰는 기회로 이어졌다.

마지막으로 우주에 관한 견해 중에 내가 좋아하는 말을 인용하면서 이 책을 마치고 싶다.

미국의 물리학자 데이비드 봄David Joseph Bohm이 1980년에 홀로그램 우주론에서 주창한 '내포된 질서implicate order'의 개념이다.

내포된 질서의 주요 특징은 '모든 존재 안에 우주 전체가 내포되어 있으며 모든 존재가 우주 전체에 내포되어 있다'는 것이다.

나는 이 말에 동의한다. 우리는 우주 전체를 포함하는 동시에 우주에 포함된 비국소적 의식을 가진 존재다. 이 관점을 이해하는 순간 우리의 눈앞에 무한한 가능성이 펼쳐진다.

마지막으로

언젠가 내 경험이 누군가에게 도움이 되지 않을까 싶어 1997년부터 외계인에 관한 일이나 영적인 현상을 노트에 적어두었다. 그런 체험을 말로 표현하는 일이 쉽지 않다는 사실을 몇 번이고 실감하면서 그때그때 떠오르는 말로 기록해왔다.

그 과정에서 '이런 표현은 어때?', '이 표현이 좋아.'라는 목소리가 마음에 울리는 일이 자주 있었다. 그것이 채널링 체험이었다고 생각한다. 노트에 옮겨 적을 때 그 목소리가 큰 도움이 되었다. '나는 혼자가 아니야. 다행이다!' 여러 번 구원받은 기분이 들었다. 몇 년 후에 영적 체험을 하고 길을 걷는 사람들 옆에 붙어 있는 영혼이나 지도령을 보았을 때도 같은 느낌을 받았다.

이 책을 쓰는 목적도 다르지 않다. 이 책은 나 혼자가 아니라 우주(외계인, 지도령, 수호령 등)의 도움을 받아 완성할 수 있었다. 이 책은 어디까지나 가능성의 범위를 넓히는 것이 목적이다. 머리만이 아니라 가슴으로, 마음으로 인생을 보는 것이 얼마나 중요한지를 다시 한번 강조하고 싶다. 마음은 우주로 가는 문이니까.

마지막으로 이 책을 읽어준 독자에게 부탁하고 싶은 것이 있다.

책을 읽은 후에 바로 자신의 우주(지도령이나 수호령)와 접촉해보기를 바란다. 마음속으로 말을 거는 것만으로 충분하다. 먼저 감사의 말을 전하자. '지금까지 많은 도움을 주셔서 감사합니다.' 당신이 알지 못하는 사이에 여러 번 도움을 받았을 테고, 앞으로도 많은 도움을 받을 테니 말이다. 그리고 '더 효과적으로 협력할 수 있도록 잠든 사이에 이야기를 나누고 싶어요.'라고 말해보자. 그 순간 당신의 모험이 시작될 것이다.

어느 날 노트를 보다가 이런 메시지가 마음에 떠올라 적

어보았다. 그 뒤로 가끔 초심으로 돌아가기 위해 기도하는
마음으로 다시 읽곤 한다. 그러면 마음이 편안해진다.

Rappelle-toi l'immensité de l'univers,

la vie qui y grouille et ne fais qu'un avec lui.

Rappelle-toi la vaineté de l'attachement au corps,

la vacuité du moi, de l'identité.

Rappelle toi le lien qui existe entre toutes choses,

celui qui nous unit dans un seul règne:

celui de la vie, de la compréhension, de l'amour dans l'unité.

Rappelle toi comme la vie, comme vivre est

une sensation électrisante, au delà de la passion,

vivre est une expérience d'amour du tout.

Rappelle toi tout cela.

기억해, 우주의 거대함을

그곳에 가득 찬 하나가 된 생명을

기억해, 육체에 집착하는 허무함을

자아에 대한 고집, '나는 누구인가'라는 질문의 무의미함을

기억해, 모든 존재와의 인연을

생명, 배려, 사랑이 하나가 된 세계와 우리를 이어주는 인연을

기억해, 생명이, 삶이

감동적인 자극이라는 사실을

삶이란 열정을 뛰어넘어 모든 존재를 사랑하는 체험이라는

것을

이 모든 사실을 기억해.

줄리앙 샤므르와

옮긴이 **이은혜**

기계공학을 전공하고 엔지니어로 일했지만, 행복한 인생을 찾아 이화여자대학교 통번역대학원에서 다시 번역을 공부했다. 현재는 엔터스코리아에서 일본어 전문번역사로 활동하고 있다. 주요 역사로는 《나는 뭘 기대한 걸까》,《상대방을 설득하는 아이디어 과학》,《따뜻한 세상은 언제나 곁에 있어》,《피곤한 게 아니라 우울증입니다》,《출근길 심리학》,《예민한 사람도 마음이 편안해지는 작은 습관》 등이 있다.

가려진 질서
우주 안의 나, 내 안의 우주

초판 1쇄 발행 2022년 11월 15일

지은이   줄리앙 샤므르와
옮긴이   이은혜
펴낸이   신호정
편 집   이미정, 전유림
마케팅   이혜연
디자인   김태양

펴낸곳   책장속북스
신고번호   제 2020-000111호
주소   서울시 송파구 양재대로 71길 16-28 원당빌딩 4층
대표번호   02)2088-2887
팩스   02)6008-9050
Instagram   @chaegjang_books
이메일   chaeg_jang@naver.com

ISBN   979-11-91836-15-8 03190